REID HOFFMAN

El mejor negocio eres tú

Reid Hoffman es un emprendedor e inversor de renombre mundial. Cofundador y presidente ejecutivo de LinkedIn, la mayor red global de profesionales con más de 100 millones de miembros, Hoffman fue previamente fundador y vicepresidente ejecutivo de PayPal. Ha participado, además, en la creación de más de cien empresas tecnológicas, entre las que se encuentran Facebook y Zynga.

Ben Casnocha es un reconocido empresario y escritor. Colabora con diferentes medios como *Newsweek*, CNN, CBS y Fox. La revista *BusinessWeek* lo calificó como uno de los más destacados emprendedores jóvenes de los Estados Unidos.

El mejor negocio eres tú

El mejor negocio eres tú

Adáptate al futuro,
invierte en ti mismo e impulsa tu carrera

REID HOFFMAN Y BEN CASNOCHA

Traducción de Santiago Nudelman

Vintage Español
Una división de Random House, Inc.
Nueva York

PRIMERA EDICIÓN VINTAGE ESPAÑOL, FEBRERO 2013

Copyright de la traducción © 2012 por Santiago Nudelman

Todos los derechos reservados. Publicado en coedición con Random House
Mondadori, S. A., Barcelona, en los Estados Unidos de América por
Vintage Español, una división de Random House, Inc., Nueva York, y en
Canadá por Random House of Canada Limited, Toronto. Originalmente publicado
en inglés en EE.UU. como *The Start-up of You: Adapt to the Future, Invest in
Yourself, and Transform Your Career* por Crown Business, un sello del
Crown Publishing Group, una división de Random House, Inc., Nueva York,
en 2012. Copyright © 2012 por Reid Hoffman y Ben Casnocha. Esta traducción
fue originalmente publicada en España por Random House Mondadori, S. A.,
Barcelona, en 2012. Copyright © 2012 por Random House Mondadori, S. A.

Vintage es una marca registrada y Vintage Español y su colofón son marcas de
Random House, Inc.

Información de catalogación de publicaciones disponible en
la Biblioteca del Congreso de los Estados Unidos.

Ilustraciones de Von Glitschka y Brett Bolkowy

Vintage ISBN: 978-0-345-80425-9

Para venta exclusiva en EE.UU., Canadá, Puerto Rico y Filipinas.

www.vintageespanol.com

Impreso en los Estados Unidos de América
10 9 8 7 6 5 4 3 2 1

A mi madre y mi padre,
que intentaron enseñarme la sabiduría,
y a Michelle,
que cada día intenta enseñarme la compasión.

RGH

Al Doctor Mac,
por inspirarme a «Pensar Diferente».

BTC

Índice

1

Todos los seres humanos somos empresarios

Todos los seres humanos somos empresarios. Cuando vivíamos en cuevas, éramos todos autónomos (…), buscábamos nuestra comida y nos alimentábamos solos. Así comenzó la historia de la humanidad. Pero cuando llegó la civilización, lo reprimimos. Nos convertimos en «trabajadores» porque nos dijeron «sois trabajadores», y olvidamos que éramos empresarios.

MUHAMMAD YUNUS, premio Nobel de la Paz
y pionero de las microfinanzas.

Tú naciste siendo empresario. Esto no quiere decir que naciste para fundar empresas. De hecho, la mayoría de las personas no deberían crear empresas. La escasa probabilidad de éxito, sumada a los constantes sobresaltos emocionales, hacen que iniciar un negocio sea cosa de unos pocos. Todos los seres humanos son empresarios no porque deberían fundar empresas, sino porque la voluntad de crear está inscrita en nuestro ADN, y la creación es la esencia del espíritu empresarial. Como dice Yunus, nuestros ancestros de las cavernas tenían que alimentarse solos, tenían que inventar cómo vivir. Fueron los fundadores de sus propias vidas. Con el paso de los siglos, hemos olvidado que somos empresarios. Nos hemos vuelto trabajadores.

Para poder adaptarnos a los desafíos de la vida profesional actual, necesitamos redescubrir nuestros instintos empresariales y utilizarlos para crear nuevos tipos de carreras. Seas abogado, doctor, maestro, ingeniero o incluso propietario de un negocio, hoy en día también necesitas considerarte un empresario que dirige, al menos, una nueva empresa en crecimiento: *tu propia carrera.*

Este libro no es un manual para conseguir empleo. Aquí no encontrarás consejos ni trucos sobre cómo presentar tu currículum o preparar una entrevista de trabajo. Lo que sí encontrarás es la presentación de la actitud mental y las aptitudes que necesitas para adaptarte al futuro. Encontrarás estrategias que te ayudarán a expandir el alcance de tu red de contactos, a adquirir un perfil competitivo y a conseguir mejores oportunidades profesionales.

Tu éxito futuro depende de que comprendas y lleves a cabo estas estrategias empresariales. En términos generales, una sociedad prospera cuando la gente piensa de forma emprendedora. Muchos problemas mundiales podrán resolverse, y de forma más rápida, si la gente lleva a la práctica los valores presentados en las siguientes páginas. Este es un libro sobre ti y sobre cómo mejorar la sociedad que te rodea. Eso comienza en cada individuo.

El nuevo mundo del trabajo

Durante siglos los inmigrantes lo han arriesgado todo para venir a Estados Unidos, convencidos de que si trabajaban duro, tendrían una mejor vida que la de sus padres.[1] En general, desde los comienzos de este país, cada nueva generación ha ganado más dinero y ha tenido una mejor educación y un mayor nivel de vida que la generación precedente. La expectativa de una prosperidad constante se convirtió en parte del Sueño Americano.

En los últimos 60 años, el mercado laboral de trabajadores calificados funcionó como una escalera mecánica.[2] Al salir de la universidad, conseguías un pequeño empleo en la base de la escalera de IBM, General Electric o Goldman Sachs. Te iban preparando y acompañando, y tu empleador costeaba tu capacitación y formación profesional. A medida que ibas ganando experiencia ascendías en la estructura organizacional, dejando a su vez lugar a los jóvenes y ambiciosos graduados que comenzaban en pequeños puestos. Si hacías bien las cosas, subías sin sobresaltos por la escalera mecánica, y cada nuevo ascenso traía consigo más poder, más ingresos y mayor seguridad laboral. Finalmente, cerca de los 65 años, bajabas de la escalera mecánica, permitiendo a los empleados de menor rango que ocuparan la posición dejada por ti. Entonces, te alejabas a un confortable retiro financiado por tu pensión y por la Seguridad Social.

Nadie daba por sentado que todo ocurría de forma automática. Pero existía la convicción de que si uno era competente, se esforzaba y no tenía mala suerte, el viento a favor terminaría por elevarlo a un nivel superior. Y para la mayoría, esta era una expectativa razonable.

Pero en este momento la escalera mecánica está detenida. Muchos jóvenes, incluso los más preparados, están estancados en la base, tienen empleos por debajo de sus posibilidades o están sin trabajo, como señaló Ronald Brownstein en *The Atlantic*.[3] Al mismo tiempo, con pensiones ínfimas y con una red de Seguridad Social más agujereada que un queso suizo, los hombres y mujeres de entre 60 y 80 años se mantienen o regresan al mercado laboral en cantidades récord.[4] En el mejor de los casos, esto deja a los trabajadores de mediana edad sin posibilidades de ascender, estancados en un limbo que, además, los oprime para hacer lugar a talentos de edad más avanzada. Hoy a los jóvenes les resulta difícil entrar en la escalera mecánica, a los de mediana edad les cuesta mucho ascender y los mayores de 60 años no pueden bajarse. «En lugar de avanzar a un ritmo constante, todos están pisándose entre sí», comenta Brownstein.

Con la muerte de las carreras en sentido tradicional, muere también el tipo de desarrollo profesional del que disfrutaron las generaciones anteriores. Ya no puedes contar con una formación financiada por tu empleador para mejorar tus estrategias de comunicación o aumentar tus capacidades técnicas. Lo que se espera, incluso de los empleados más jóvenes, es que sepan hacer el trabajo para el que han sido contratados desde su llegada, o que al menos les tome muy poco ponerse al día.[5] Ya sea que quieras aprender algo nuevo o simplemente mejorar en el trabajo para el que te pagan, ahora es tu responsabilidad capacitarte e invertir en ti mismo. Las empresas no quieren invertir en ti, en parte porque es poco probable que dediques muchos años a trabajar en ellas: a lo largo de tu vida tendrás muchos trabajos diferentes. Antes era un acuerdo a largo plazo entre el empleado y el empleador que garantizaba un empleo de por vida a cambio de una vida de lealtad. Este acuerdo ha sido reemplazado por un contrato a corto plazo basado en el rendimiento, que siempre puede ser renovado por ambas partes. La lealtad profesional ahora circula «horizontalmente» desde y hacia tu red de relaciones, y ya no «verticalmente» hacia tu jefe, como señala Dan Pink.

La desaparición de estos elementos de una carrera profesional tradicional se ha originado en al menos dos macrofuerzas interrelacionadas: la globalización y la tecnología. Quizá estos conceptos te parezcan sobrevalorados, pero sus efectos a largo plazo están, por el contrario, infravalorados. La tecnología automatiza trabajos que antes necesitaban grandes conocimientos y habilidades específicas, incluyendo trabajos administrativos bien pagados, como corredor de bolsa, asistente jurídico o radiólogo.[6] La tecnología también crea nuevas fuentes de trabajo, pero la creación es menor que la destrucción, y los nuevos empleos requieren conocimientos diferentes y de mayor nivel que aquellos que reemplazan.[7] Y si bien en muchas industrias la tecnología no elimina ni cambia los conocimientos requeridos, al menos provoca que un mayor número de personas en todo el mundo compitan entre sí por su trabajo, al permitir que las empresas se establezcan con mayor facilidad fuera de su país, proceso que le da un buen golpe a los salarios. El comercio y la tecnología no surgieron de la noche a la mañana, y nada indica que vayan a desaparecer pronto. El mercado laboral en el que todos trabajamos ha sido alterado para siempre. Así que olvida lo que creías saber sobre el mundo del trabajo. Las reglas han cambiado. «Preparen, apunten, fuego» ha sido reemplazado por «apunten, fuego, apunten, fuego, apunten, fuego». Buscar trabajo solo cuando no se está a gusto en el que uno tiene, o cuando no se tiene empleo, ha sido reemplazado por el mandato de estar siempre generando nuevas oportunidades. La interconexión ha sido reemplazada por una inteligente *construcción de una red de contactos*.

La brecha entre quienes conocen las nuevas reglas de su carrera y poseen los requisitos para desempeñarse en una economía global, y quienes se aferran a las viejas costumbres y confían en las capacidades que ya poseen, no deja de crecer. La pregunta es: ¿de qué lado estás tú?

¿Por qué el mejor negocio eres tú?

Con el cambio, llegan las nuevas oportunidades y los nuevos desafíos. Lo que se necesita es una mente emprendedora. Ya sea que trabajes en una empresa de diez personas, en una corporación multinacional, en una ONG, en una oficina pública o en cualquier otra organización, si realmente quieres aprovechar las nuevas posibilidades y enfrentar los desafíos del paisaje profesional fracturado de hoy en día, necesitas pensar y actuar como si estuvieras al frente de un nuevo negocio: tu carrera.

¿Y por qué un *nuevo* negocio? Cuando creas una empresa, debes tomar decisiones en un marco de escasa información, poco tiempo y recursos limitados. No hay garantías ni redes de contención, por lo que necesitas asumir ciertos riesgos. La competencia está cambiando; el mercado está cambiando. El ciclo de vida de una empresa es bastante corto. Las condiciones en las que los emprendedores crean y desarrollan nuevas empresas son las condiciones en las que hoy en día nos encontramos todos al construir nuestra carrera. Nunca se sabe qué ocurrirá, la información es limitada, hay pocos recursos y la competencia es feroz. El mundo está cambiando, y los trabajos duran cada vez menos. Esto implica que necesitas adaptarte todo el tiempo. Y si no lo consigues, nadie, ni tu empleador, ni el gobierno, puede salvarte.

Quienes crean una empresa lidian con este tipo de incertidumbres, cambios y limitaciones. Evalúan sus activos, sus aspiraciones y la situación del mercado para generar una ventaja competitiva. Desarrollan proyectos flexibles e iterativos. Construyen una red de contactos en su sector que sobrevivirá a su empresa. Buscan y crean oportunidades de forma agresiva, tomando riesgos inteligentes e interviniendo activamente en su control. Sacan provecho de su red de contactos gracias a una gran inteligencia en lidiar con desafíos difíciles. Y hacen todo esto desde el día en que conciben un negocio y cada día después de haberlo puesto en marcha, incluso si su empresa comienza en un garaje y termina ocupando varios pisos de un edificio de oficinas. *Para alcanzar el éxito profesional en el mundo de hoy, necesitas adoptar el mismo tipo de estrategias empresariales.*

Estas estrategias son valiosas más allá de tu carrera. Son urgentes, ya sea que acabes de salir de la universidad, que lleves diez años trabajando y estés a punto de dar un gran paso, o que estés comenzando algo nuevo en tu vida. Las empresas actúan igual que en sus comienzos para conservar un margen innovador sin importar cuánto crezcan. Steve Jobs se refería a Apple como «la más grande nueva empresa del planeta». De la misma forma, tú necesitas mantenerte joven y ágil, necesitas siempre ser una *nueva empresa*.

¿Por qué nosotros?

Yo (Reid) cofundé LinkedIn en 2003, con el propósito de conectar a los profesionales del mundo y ayudarlos a ser más productivos y exitosos. Nueve años y más de 150 millones de miembros después, he aprendido mucho sobre cómo manejan sus carreras los profesionales de todos los sectores: cómo se relacionan con contactos comerciales seguros, encuentran empleo, comparten información y presentan sus perfiles en internet. Por ejemplo, a partir de la enorme cantidad de contrataciones realizadas a través de LinkedIn, mis colegas y yo supimos cuáles eran las aptitudes más buscadas, las tendencias de cada sector y las carreras que brindaban más oportunidades. Obtuve información sobre los enfoques que funcionaban y los que no; sobre cuáles estrategias tenían éxito y cuáles fracasaban. Con el tiempo, comencé a notar algo fascinante y que se relacionaba con mi otra pasión: la inversión.

Como presidente ejecutivo, LinkedIn es mi trabajo principal, pero también invierto en nuevos negocios. Primero como inversor particular y ahora como socio de Greylock, he invertido en más de 100 empresas. Esto me ha brindado la posibilidad de ayudar a algunos empresarios importantes a poner en marcha su negocio, ya sea participando en un «brainstorming» sobre estrategias para juegos en red en Zynga junto a Mark Pincus, reflexionando sobre el futuro de internet móvil junto a Kevin Rose en Digg and Milk (su empresa de aplicaciones para móviles), o colaborando con Matt Flannery para llevar el modelo de microcréditos de Kiva a los pobres del mundo. A través de estas diversas experiencias, he desarrollado un buen ojo para percibir las pautas del éxito y las pautas del fracaso en la gestación de nuevos negocios.

Coordinar ambas actividades (ayudar a que LinkedIn ofrezca más oportunidades a sus miembros y colaborar en el crecimiento de las empresas de mi cartera) me condujo a una revelación: las estrategias de negocio de las nuevas compañías de gran éxito y las estrategias en la carrera profesional de los individuos exitosos son sorprendentemente similares. Desde entonces, he transformado todo lo que aprendí en mis 20 afortunados años en Silicon Valley en marcos estratégicos para utilizar bajo el precepto de que cada individuo es una pequeña empresa. Y pienso en mi propia carrera de la misma manera: como un nuevo negocio.

Cuando conocí a Ben, su carrera se encontraba ante una co-yuntura: no podía decidirse entre seguir invirtiendo en tecnología (ya había fundado un par de empresas), seguir escribiendo (ya había escrito un libro sobre el espíritu empresarial), seguir viajando al extranjero (era un gran viajero), o alguna combinación de todas las anteriores. Estaba en la veintena y lo asaltaban preguntas del tipo: ¿Cuánto debía proyectarse en el futuro? ¿Qué riesgos le convenía tomar en su carrera? ¿Cómo podía seguir experimentando sin dejar de lado la especialización? Entonces, mencionó algo que llamó mi atención: me dijo que incluso si su próximo paso no era fundar una nueva empresa, igual pensaba abordar todas las cuestiones críticas sobre su carrera como si fuera un empresario.

En los meses que siguieron a nuestro primer encuentro, Ben viajó a docenas de países y conoció a miles de estudiantes, empresarios, periodistas y gente de negocios: desde alumnos de universidades públicas de Estados Unidos hasta líderes políticos de Colombia, pasando por propietarios de pequeños comercios en Indonesia. En cada uno de esos lugares contó sus propias experiencias, y al mismo tiempo observó y aprendió sobre las aspiraciones y la actitud de los más talentosos. Lo más interesante que descubrió fue que el espíritu empresarial (en el sentido amplio del término) estaba en todas partes, a miles de kilómetros de Silicon Valley, en los corazones y las mentes de personas que no necesariamente iniciaban un nuevo negocio. Aunque no se considerasen a sí mismos empresarios, su actitud ante la vida era la misma que en Silicon Valley: se tenían una gran confianza, eran emprendedores, ambiciosos, tenían capacidad de adaptación y estaban en contacto entre sí. Gracias a estas experiencias, Ben llegó por otro camino a la misma conclusión que yo: el espíritu empresarial es un concepto para la vida, y no necesariamente solo para los negocios. También es una idea global, no solamente norteamericana (eso también lo comprobé cuando fui parte del consejo de la organización internacional de emprendedores Endeavor). Y finalmente, como lo demuestran las dos últimas décadas, también es un concepto de toda la vida, y no una cuestión generacional.

¿Por qué la urgencia?

Antes de avanzar sobre cómo el espíritu empresarial en tanto idea de vida puede transformar tu carrera, primero es necesario comprender lo que está en juego. No hay mejor manera de mostrar los peligros de no adaptarse a una nueva forma de pensar que recordar una ciudad que alguna vez representó lo mejor del espíritu empresarial: Detroit.

A mediados del siglo XX, Detroit floreció como capital del dinamismo mundial gracias a tres nuevas empresas: Ford Motor Company, General Motors y Chrysler. En aquel momento estas fábricas de coches eran de lo más innovador. Ford concibió una manera de producir coches y camiones en una cadena de montaje, técnica que cambió la industria para siempre. General Motors y su legendario presidente Alfred Sloan pusieron en marcha un sistema de gestión y organización que fue imitado por cientos de otras corporaciones. También fueron visionarios: creían fervientemente (cuando pocos lo hacían) que los coches se volverían omnipresentes en un país que celebraba el concepto de «frontera abierta». Alfred Sloan prometió «un coche para cada bolsillo y cada necesidad». Henry Ford dijo que construiría un coche «de precio tan bajo que todo el que gane un salario decente podrá permitírselo».

Como los mejores empresarios, consiguieron más de lo que habían soñado. Salieron al ruedo y crearon el futuro que habían imaginado. En conjunto, los fabricantes de coches americanos produjeron cientos de millones de vehículos innovadores y elegantes que vendieron a clientes de todo el mundo. En 1955 General Motors se convirtió en la primera corporación en llegar a los 1.000 millones de dólares de ingresos.[8] Al final de esa década, se había convertido en un monstruo tan poderoso que el Departamento de Justicia decidió desarmarlo. Un empleo en una de estas compañías representaba perfectamente la idea de la carrera como una escalera mecánica. La seguridad laboral era total, casi nadie era despedido en las compañías automovilísticas. Si no poseías las cualidades requeridas, el empleador pagaba tu capacitación. General Motors llegó incluso a tener su propio centro de formación, una mezcla de trabajo en clase con trabajo en la fábrica. Diplomarse en ese centro prácticamente garantizaba un empleo de por vida y sus correspondientes beneficios. A medida que se acumulaban años, la escalera mecánica ascendía.

La ciudad de Detroit prosperó durante los años dorados de la industria automotriz. Era la tierra de los sueños, los ricos y las nuevas tecnologías. «Tío, esto era Silicon Valley», escribió el periodista Tom Walsh al recordar los grandes tiempos de Detroit. Los empresarios amasaban fortunas colosales, y millones de personas llegaban a Detroit buscando su tajada. Llegó a ser la cuarta ciudad más poblada de Estados Unidos.[9] Los salarios eran altos, y el ingreso promedio en la ciudad era el más elevado del país. La cantidad de propietarios de viviendas también aumentó: más allá de ser un gran lugar para vivir, Detroit destilaba una diversidad social, una energía, una cultura y un espíritu progresistas capaces de rivalizar con Chicago y Nueva York. Fue la primera ciudad en asignar números de teléfono particulares, en pavimentar miles de carreteras y en desarrollar una red urbana de autopistas.

En los años cuarenta, cincuenta y sesenta, Detroit fue la joya de la corona americana. «En todo el mundo, Detroit es sinónimo de la grandeza industrial de Estados Unidos», aseveró el presidente Harry Truman en aquellos tiempos.[10] Era una parte esencial del «arsenal de la democracia», tan representativa de la especificidad americana que visitantes de todo el planeta acudían allí para ver el espíritu empresarial y la innovación en acción.

Pero en cierto momento, los fabricantes de coches de Detroit perdieron su espíritu empresarial. Los empresarios se convirtieron en trabajadores, y al igual que el *Titanic* cuando se estrelló contra la punta de un iceberg gigante, Detroit se hundió lentamente hacia el fondo.

DE SESENTA A CERO

«Año tras año, década tras década, hemos archivado problemas y retrasado las decisiones difíciles, a pesar de que nos superaban los competidores extranjeros. Bueno, hemos llegado al final de ese camino», dijo el presidente Barack Obama en 2009, durante una conferencia de prensa para anunciar que el gobierno federal le prestaría 70.000 millones de dólares a General Motors y Chrysler (y garantizaría una línea de crédito para Ford), apoyándolas frente a la posibilidad de bancarrota.[11] Para los norteamericanos más viejos, que crecieron encantados por la grandeza de Detroit, el anuncio del presidente Obama resumía perfectamente los últimos 30 años de decadencia y desilusión.

¿Qué fue lo que ocurrió? Muchas cosas. Pero el problema principal es este: la industria automotriz se relajó demasiado. Como alguna vez proclamó el cofundador de Intel, Andy Grove, «solo los paranoicos sobreviven». Lo que quiso decir es que el éxito es frágil, y la perfección, fugaz. El momento en que empieces a dar por sentado el éxito es el momento en que un competidor se lanzará a tu yugular. Y como mínimo, los ejecutivos de la industria automotriz no fueron paranoicos.

En lugar de escuchar a una clientela que buscaba coches más pequeños y que gastaran menos, los ejecutivos construyeron coches más y más grandes. En lugar de tomarse en serio la competencia japonesa, afirmaron con insistencia (ante ellos mismos y ante sus clientes) que MADE IN USA era sinónimo de «lo mejor del mundo». En lugar de aprender los nuevos métodos de eficiencia productiva de sus rivales, se aferraron obstinadamente a sus prácticas de siempre. En lugar de recompensar a los mejores de la organización y despedir a los peores, promovían a los empleados basándose en la longevidad y el nepotismo. En lugar de moverse con rapidez para adaptarse a los cambios del mercado, los ejecutivos se mantuvieron hasta el final en la inercia burocrática. Ross Perot bromeó una vez diciendo que si alguien encontraba una serpiente en algún lugar de una fábrica de General Motors, de inmediato formaba un comité para debatir si debían matarla.

El éxito fácil ha transformado a las empresas automovilísticas americanas en burocracias no meritocráticas incapaces de asumir riesgos. En cuanto aumentó la competencia y cambiaron las necesidades del cliente, los ejecutivos de las empresas y los sindicatos de los trabajadores no supieron adaptarse. Por el contrario, siguieron haciendo lo mismo de siempre.

Detroit no se desplomó en un día. Primero sufrió una deflación gradual. De hecho, eso era solo una parte del problema. Como durante los años de su declive las compañías todavía seguían generando miles de millones de dólares de beneficios, a los directivos les fue fácil mantenerse complacientes e ignorar los problemas que comenzaban a surgir. Nadie se ocupó de buscar los problemas en la organización ni de intentar encontrar soluciones a largo plazo para sus debilidades. Esto provocó que el día de la verdad fuese muy doloroso. Para cuando saltaron las alarmas (es decir, cuando General Motors perdió 82.000 millones de dólares en tres años y medio y se dirigía a una quiebra segura), ya era demasiado tarde.

El colapso de la industria automotriz dejó a la ciudad en ascuas. «Lo mejor de vivir en la ciudad más abandonada de Estados Unidos —señalaba Walsh, el periodista local—, es que nunca te quedas atascado en el tráfico.» *Abandonada* es sin duda la palabra que viene a la mente cuando se recorren los alrededores de la calle principal de Detroit. Se puede caminar un buen rato sin cruzarse con nadie. Las casas se pudren, vacías. Algunas están cerradas con cuidado, con anuncios de «Prohibido el paso» en la puerta principal, mientras otras solo tienen lonas negras cubriendo con descuido sus ventanas sin marcos. Muchos edificios se van cayendo a pedazos como si estuviesen hechos con masilla. Alrededor de un tercio de la ciudad (un área equivalente a San Francisco) está desierto. Para los que se quedaron, la vida es sombría. Detroit es la segunda ciudad más peligrosa de Estados Unidos (después de Flint, Michigan). La mitad de los niños son pobres. Es la ciudad líder en desempleo; hay estudios que le otorgan hasta un 50 por ciento. El sistema escolar es un fracaso: ocho de cada nueve niños de 12 años son incapaces de realizar operaciones básicas de matemáticas.[12] La mayoría de los políticos locales son corruptos e incapaces. Aunque suene increíble, en toda la ciudad no hay ni una cadena de supermercados.

Detroit supo ser el símbolo del progreso, de lo que era bueno y posible. La industria automotriz fue a su vez el símbolo del espíritu empresarial. Ahora, Detroit es el símbolo de la desesperanza.

DETROIT ESTÁ EN TODOS LADOS

La historia de Detroit no es simple. Hay otros factores problemáticos que no fueron mencionados en este resumen, y existen ciertos indicadores de que las cosas pueden estar mejorando. La historia de Detroit tampoco es única. Hemos utilizado la industria automotriz como ejemplo no porque sea excepcional, sino porque *no lo es*. La historia reciente está repleta de sectores y empresas que vivieron los mismos precipitados declives. Las viejas grandes empresas se derrumban más rápido y con más frecuencia que en el pasado. En los años veinte y treinta, las empresas se mantenían dentro del índice Standard & Poor's 500 por un promedio de 65 años. Para finales de los noventa, el tiempo promedio de permanencia era de apenas diez años. John Seely Brown y John Hagel, de Deloitte, señalan que el índice de caídas (la velocidad a la que las grandes empresas pierden sus posiciones de liderazgo) se ha duplicado en los últimos 40 años. Hoy como nunca antes, los «ganadores» ocupan posiciones cada vez más precarias.[13]

¿Por qué tantos ganadores terminan como Detroit? Cada caso es distinto, pero las causas subyacentes suelen incluir la arrogancia que surge del éxito, el fracaso en reconocer y hacer frente a la competencia, el poco deseo de aprovechar oportunidades que impliquen algún riesgo y la incapacidad de adaptarse al cambio incesante. Las fuerzas de la competencia y el cambio que hicieron caer a Detroit son globales y locales. Amenazan cualquier negocio, cualquier sector, cualquier ciudad. Y lo más importante, *también amenazan a cualquier individuo, cualquier carrera.*

Este no es un libro sobre la historia económica de Detroit. ¿Entonces, por qué es Detroit importante? Porque no importa en qué ciudad vivas, no importa en qué empresa o sector trabajes, no importa el empleo que hagas, *si hablamos de tu carrera, en este momento puede estar recorriendo el mismo camino que Detroit.* Las mismas fuerzas del cambio que tiraron abajo la antes grandiosa ciudad industrial pueden tirar abajo tu carrera, sin importar lo segura que te parezca en este momento.

Por fortuna, existe una alternativa que se encuentra a miles de kilómetros de Detroit, tanto metafórica como físicamente. Silicon Valley se ha convertido en el modelo del espíritu empresarial y del progreso en el siglo XXI, y cuenta con múltiples generaciones de compañías emprendedoras a lo largo de varias décadas. Desde Hewlett Packard, fundada en 1939, hasta Intel, Apple, Adobe, Genentech, AMD, Intuit, Oracle, Electronic Arts, Pixar y Cisco, luego Google, eBay, Yahoo, Seagate y Salesforce y más recientemente PayPal, Facebook, YouTube, Craigslist, Twitter y LinkedIn.

En cada década, Silicon Valley conservó y alimentó su espíritu empresarial, con decenas de empresas creando el futuro y adaptándose a la evolución del mercado global. Estas empresas no solo proporcionan un nuevo modelo de innovación corporativa, sino también la predisposición empresarial que se necesita para triunfar en el mundo profesional.

¿Qué tienen en común estas empresas? Los principios de Silicon Valley son los principios de este libro. Asume riesgos audaces e inteligentes para conseguir algo grande. Construye una red de alianzas que te proporcionen información y recursos, y te brinden acción colectiva. Consigue una oportunidad revolucionaria. Tú puedes pensar como una nueva empresa, seas quien seas y te encuentres donde te encuentres. Todos podemos aplicar estos conocimientos empresariales para organizar nuestra carrera. Este libro te enseñará a hacerlo. Es un libro sobre cómo evitar que lo de Detroit te suceda a ti y cómo hacer que el estilo de Silicon Valley trabaje a tu favor.

El camino al futuro

En 1997 Reed Hastings, un empresario de software que vivía en las colinas de Silicon Valley, se enfrentó a un problema. Había alquilado *Apollo 13* en un videoclub, la devolvió con unos días de retraso y tuvo que pagar una multa tan grande que estaba demasiado avergonzado para contárselo a su esposa. Su espíritu empresarial se despertó: ¿Y si se pudiera alquilar una película sin tener que pagar el retraso al devolverla? Entonces comenzó a investigar en el sector y supo que la nueva tecnología DVD era ligera y barata para ser enviada por correo.[14] Comprendió que el giro hacia el comercio virtual, junto a la revolución del DVD, presentaban una gran oportunidad. Así que ese año lanzó un negocio que combinaba el comercio virtual con el viejo correo postal: los clientes elegirían una película en el sitio web, recibirían un DVD de la película por correo y la enviarían por el mismo medio una vez vista. Era una idea convincente, pero Reed sabía por sus años en el sector tecnológico que el negocio seguiría evolucionando. Evitó llamar a su empresa DVD por correo (o cualquier nombre alusivo a la actual naturaleza del negocio) y se decidió por un nombre más abarcador: Netflix.

Netflix no fue un éxito inmediato. Al principio, los clientes pagaban por cada DVD que alquilaban como en Blockbuster, el gigante que operaba miles de videoclubes en todo el mundo.[15] La idea no cuajó, por lo que Reed comenzó a ofrecer suscripciones que permitían alquileres ilimitados. Aún así, los clientes se quejaban de que pasaba mucho tiempo entre el momento en que elegían una película online y cuando llegaba por correo. En 1999 organizó una reunión en las oficinas centrales de Blockbuster, en parte para conversar sobre una posible colaboración en la distribución local y una satisfacción más rápida de los pedidos. En Blockbuster no estaban impresionados. «Prácticamente nos despidieron entre risas», recuerda Reed.[16] Reed y su equipo siguieron insistiendo. Perfeccionaron su red de centros de distribución hasta que más del 80 por ciento de sus clientes recibían su pedido al día siguiente de pagarlo,[17] y desarrollaron un innovador sistema de recomendaciones que proponía a los usuarios películas basándose en sus compras anteriores. Para 2005 Netflix contaba con una base de datos de cuatro millones de suscriptores, había vencido la competencia de sus imitadores (como las películas por correo de WalMart) y se convirtió en el rey del alquiler de películas on-line. En 2010 Netflix obtuvo más de 160 millones de dólares de beneficio. Blockbuster, por su parte, no consiguió adaptarse a la era de internet, y ese mismo año se declaró en bancarrota.[18]

Netflix no descansa. De hecho, en 2010 y 2011 la empresa cambió sus objetivos del todavía rentable negocio de envío por correo de películas en DVD y dio el siguiente paso: la emisión de películas y programas de televisión a través de internet para ordenadores, teléfonos inteligentes y tabletas. Es algo que llevaban queriendo hacer por años, y la difusión global de la banda ancha ahora se los permite. La mayoría de sus clientes hoy ve más emisiones de televisión y películas en internet que en DVD, y en el momento en que escribimos esto, Netflix acapara el 30 por ciento del tráfico de banda durante la semana. Pronto, la emisión por internet podrá ofrecer varios programas desarrollados por Netflix, o incorporar nuevas tecnologías aún no inventadas. Sin embargo, la continuidad de su éxito no está asegurada. Siempre hay nuevos desafíos.

«La mayor parte del tiempo, los cambios en el mundo te superan», dice Reed. Una vez, un ejecutivo de Hollywood le preguntó durante una entrevista en un plató si sus planes estratégicos eran a tres o a cinco años. Reed respondió que ninguno de los dos: tres años es una eternidad en Silicon Valley, y no se puede planificar con tanta anticipación. Netflix sigue siendo ágil y movediza, siempre en fase de pruebas. Llamamos a esta predisposición «beta permanente».

LA ACTITUD PARA QUE EL MEJOR NEGOCIO SEAS TÚ: BETA PERMANENTE

Las empresas de tecnología suelen dejar el aviso de fase de pruebas beta en sus productos durante un tiempo luego del lanzamiento oficial, para señalar que el software no está terminado sino que está preparado para una nueva tanda de mejoras. Gmail, por ejemplo, fue lanzado en 2004 pero no retiró el aviso de beta hasta 2009, cuando ya era utilizado por millones de usuarios. Jeff Bezos, fundador y CEO de Amazon, termina cada una de sus cartas anuales a los accionistas recordándoles, como lo hace desde la primera vez en 1997, que todavía estamos «en el primer día» de internet y de Amazon. com: «Aunque somos optimistas, debemos permanecer vigilantes y conservar una sensación de urgencia».[19] En otras palabras, Amazon nunca está terminada: siempre es el primer día. Para los empresarios, «terminado» es un insulto. Saben que las mejores empresas evolucionan siempre.

«Terminado» debería de ser un insulto para todos. *Todos somos empresas en desarrollo.* Cada día nos presenta una oportunidad de aprender más, hacer más, ser más, crecer más en nuestras vidas y en nuestras carreras. Conservar tu carrera en estado beta permanente te obliga a aceptar que tienes errores, que quedan cosas por desarrollar en tu persona, que necesitas adaptarte y evolucionar. Pero sigue siendo una actitud rebosante de optimismo, porque celebra el hecho de que tienes el poder de mejorarte a ti mismo, y como consecuencia, de mejorar el mundo a tu alrededor.

Andy Hargadon, director del centro de negocios de la Universidad de California-Davis, indica que para mucha gente 20 años de experiencia son, en realidad, un año repetido 20 veces.[20] Si mantienes tu carrera en beta permanente, 20 años de experiencia serán 20 años de experiencia, porque cada año habrá marcado nuevos y enriquecedores desafíos y oportunidades. El beta permanente es esencialmente un compromiso de vida con tu crecimiento personal constante.

Mantente ocupado viviendo, o mantente ocupado muriendo. Si no estás creciendo, es porque te estás contrayendo. Si no estás avanzando, es porque estás retrocediendo.

CONJUNTO DE APTITUDES PARA QUE EL MEJOR NEGOCIO SEAS TÚ

La actitud beta permanente por sí sola no podrá transformar tu carrera. Hay otras aptitudes reales necesarias para convertirte en empresario de tu vida. En los siguientes capítulos, te mostraremos cómo:

- Desarrollar tus **ventajas competitivas** en el mercado combinando las tres piezas del rompecabezas: tus **activos**, tus **aspiraciones** y las **realidades del mercado**. (Capítulo 2)
- Utilizar la **Planificación** ABZ para formular un Plan A basado en tus ventajas competitivas y luego continuar y **adaptar** el plan a las respuestas y las lecciones aprendidas. (Capítulo 3)
- Construir **relaciones** reales y duraderas, y disponer estas relaciones en una poderosa **red profesional**. (Capítulo 4)
- Encontrar y crear **oportunidades** para ti explotando otras **redes**, siendo **emprendedor** y manteniéndote en **movimiento**. (Capítulo 5)
- Valorar con precisión y tomar **riesgos inteligentes** en tu búsqueda de oportunidades profesionales. (Capítulo 6)
- Aprovechar la **inteligencia en red** de la gente que conoces para obtener los conocimientos que te permitan encontrar mejores oportunidades y tomar mejores decisiones en tu carrera. (Capítulo 7)

Al final de cada capítulo incluimos medidas específicas sobre cómo invertir en ti.

Estas aptitudes no cubren todo lo relacionado con el trabajo y las carreras profesionales. Tampoco en este libro se analizan todas las ideas relacionadas con el espíritu empresarial. Pero sí presentamos las estrategias empresariales que pueden ayudarte a conseguir los dos objetivos siguientes:

Primero, te mostraremos cómo sobrevivir en tiempos de cambio e incertidumbre, y evitar el destino de Detroit. Te mostraremos cómo conseguir una saludable estabilidad en tu carrera *adaptándote*. La adaptabilidad crea estabilidad.

Segundo, buscamos equiparte con estrategias que puedan ayudarte a sobresalir y a prosperar como un profesional global y competitivo. Ya sea que quieras ascender en una corporación, comenzar tu propio negocio, o cambiar totalmente de sector; sea lo que sea que necesites para una carrera exitosa, te mostraremos cómo conseguirlo pensando y actuando como un empresario. Estas estrategias empresariales para tu carrera no son mágicas, pero te ayudarán a poner en marcha la escalera mecánica no solo para sobrevivir, sino para triunfar en el mundo laboral fracturado de hoy en día.

Pongámonos en marcha. Tienes un negocio por delante.

2

Crea una ventaja competitiva

ASPIRACIONES

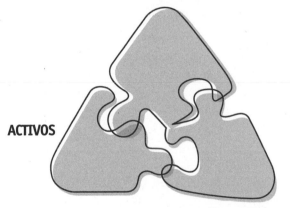

ACTIVOS

REALIDADES DEL MERCADO

Un anuncio sobre la autopista 101 cerca de San Francisco comunicaba rotundamente: «1.000.000 de personas pueden hacer su trabajo en el extranjero. ¿Qué tiene usted de especial?».[1] Aunque un millón pueda parecer demasiado, lo que no es una exageración es que muchas otras personas pueden y quieren arrebatarte tu trabajo soñado. Para cualquier cosa que se desee, hay competencia: una entrada para un partido de fútbol, la compañía de un hombre o una mujer atractivos, la admisión a una buena universidad o una oportunidad profesional sólida.

Ser mejor que sus competidores es algo básico para la supervivencia de un empresario. En cada sector, muchas compañías compiten por cada dólar de sus clientes. El mundo es ruidoso y desordenado, y los clientes no tienen tiempo de analizar cada diferencia. Si el producto de una empresa no es completamente diferente del de su competidor (o como dice Nancy Lublin, consejera delegada de Do Something, si no es el primero, el único, el más rápido, el mejor o el más barato), no llamará la atención de nadie. Los buenos empresarios crean y colocan productos que se diferencian de los de la competencia. Son capaces de terminar la frase: «Nuestros clientes nos eligen a nosotros y no a otras empresas porque...».

Zappos.com, la empresa vendedora de zapatos en internet fundada en 1999, tiene una clara respuesta a esa pregunta: un servicio de atención al cliente increíblemente eficaz. Mientras otros vendedores de zapatos en internet como Shoebuy y on-lineshoes.com ofrecen un plazo de devolución de 30 días, Zappos se hizo un nombre al ser el primero en dar un plazo de 365 días para devolver cualquiera de sus productos. Mientras que vendedores como L. L. Bean y J. Crew cargaban al cliente los costes de envío en las devoluciones, Zappos asumía los costes en todas las devoluciones, sin hacer preguntas. E incluso cuando gigantes como The Gap imitaron las ofertas de devoluciones y envíos gratis para sus ventas en internet, su número de teléfono de atención al cliente aparecía en una letra minúscula y escondido en el final de la página web. Por su parte, el número gratis de atención al cliente de Zappos aparece «orgulloso», en palabras de su CEO Tony Hsieh, en cada página de su sitio web. Más aún, los empleados que trabajan en las oficinas centrales de Nevada responden personalmente a cada llamada. No existen guiones predefinidos ni límites de tiempo para esas llamadas, en una época en que los centros de atención al cliente de las empresas están subcontratados en otros países e ignoran los reclamos en base a una organización por cupos. Zappos se diferenció completamente de sus competidores desarrollando un funcionamiento centrado, en todas sus formas, en el cliente. Esto fue lo que hizo de Zappos un lugar de confianza para comprar por internet (y también la razón por la que Amazon lo compró pagando cerca de 1.000 millones de dólares).

Sí, tú eres diferente a una tienda de zapatos por internet. Pero sí vendes tu inteligencia, tus aptitudes y tu energía. Y lo haces en el marco de una competencia feroz. Los posibles empleadores, socios, inversores y otros siempre eligen entre ti y alguien que se parece a ti. Cuando surge una buena oportunidad, se tendrán en cuenta diferentes personas con trabajos y formaciones similares. Al revisar las solicitudes para cualquier empleo, los patrones y directores de recursos humanos se ven rápidamente superados por la similitud de los candidatos.[2] Todo es muy difuso.

Si quieres trazar una carrera que te diferencie de todos los demás profesionales del mercado, el primer paso es poder completar la frase: «Una empresa me elige a mí por sobre otros profesionales porque...». ¿Por qué eres el primero, el más rápido, el único, el mejor o el más barato entre las personas que quieren hacer lo mismo que tú? ¿Qué posees que sea difícil de conseguir? ¿Qué ofreces que sea a la vez escaso y valioso?

No necesitas ser el mejor o el más rápido o el más barato de todos. Al fin y al cabo, las empresas no compiten en todas las categorías de productos ni ofrecen absolutamente cualquier servicio. Zappos se centra en zapatos y ropa de uso cotidiano. Si intentase ofrecer un excelente servicio al cliente vendiendo productos de lujo, no habría lugar para el envío de zapatos de calidad con un servicio espléndido, porque su objetivo se diluiría y su diferenciación se vería afectada. En la vida existen muchos tipos de medallas de oro. Si intentas ser superior a los demás y el mejor en todo (es decir, si crees que el éxito significa escalar una mega-tabla de posiciones global), terminarás siendo superior a nadie y el mejor en nada. En cambio, debes competir a nivel local (no solo en términos geográficos sino también de sector y de conjuntos de aptitudes). En otras palabras, no intentes ser el mejor director de marketing del mundo; trata de ser el mejor director de marketing para empresas pequeñas y medianas que compitan, por ejemplo, en el sector de la salud. No busques únicamente ser el especialista en operaciones hoteleras mejor pagado del mundo; intenta ser un experto en operaciones hoteleras de un modo acorde con tus valores, para que de esa forma puedas mantener tu trabajo a largo plazo. Lo que explicamos en este capítulo es cómo determinar el nicho en el que tú puedas desarrollar una ventaja competitiva.

Las ventajas competitivas apuntalan cualquier estrategia profesional. Ayudan a responder a la clásica pregunta: «¿Qué debo hacer con mi vida?», permiten decidir qué oportunidades perseguir, y te guían respecto a cómo invertir en ti. Justamente porque todo cambia, analizar y evaluar tus ventajas competitivas es un proceso que debe hacerse de por vida, no una sola vez. Y la forma de hacerlo es comprender las tres piezas dinámicas del rompecabezas, que encajan entre sí de distintas maneras y en momentos diferentes.

Las tres piezas del rompecabezas señalan tu dirección y tu ventaja competitiva

Tu ventaja competitiva está constituida por el juego entre tres fuerzas diferentes y siempre cambiantes: tus activos, tus aspiraciones/ valores, y las realidades del mercado (por ejemplo, la oferta y la demanda de lo que ofreces al mercado en relación a la competencia). La mejor dirección posible la encontrarás persiguiendo aspiraciones que valgan la pena y utilizando tus activos, mientras navegas por las realidades del mercado. No esperamos que comprendas completamente desde ahora cada una de estas piezas. Como mostraremos en el próximo capítulo, la mejor manera de aprender es actuando. Pero aun así, queremos presentar los conceptos para que puedas comenzar a comprender cómo funcionan y cómo influyen sobre las decisiones profesionales de las que hablaremos a lo largo del libro.

Tus activos

Los activos son lo que posees en este momento. Antes de soñar con el futuro o hacer planes, necesitas articular lo que ya funciona en tu vida, igual que hacen los empresarios. La idea de negocio más brillante es por lo general la que se construye de la forma más deslumbrante posible sobre los activos que posee su creador. Existen razones por las que Larry Page y Sergey Brin crearon Google, o Donald Trump fundó una empresa de bienes raíces. Page y Brin estaban haciendo un doctorado en ciencias informáticas. El padre de Trump era un promotor inmobiliario exitoso, y él se formó en la empresa de su padre durante cinco años. Sus objetivos comerciales surgieron de sus puntos fuertes, de sus intereses y de su red de contactos.

Hay dos tipos de activos profesionales que perseguir: intangibles y tangibles. Los intangibles son los que no pueden intercambiarse directamente por dinero. Son los contribuyentes intangibles al éxito de una carrera: el conocimiento y la información que posees; tus contactos profesionales y la confianza que has construido con ellos; tus aptitudes; tu reputación y tu estilo personal; y tus puntos fuertes (las cosas que te resultan fáciles).

Los activos tangibles son los que se presentan en un balance general: el dinero con el que cuentas; tus acciones; y tus posesiones materiales como tu escritorio o tu ordenador portátil. Esto es importante porque cuando tienes un colchón económico puedes permitirte jugadas agresivas que impliquen un riesgo financiero. Por ejemplo, puedes tomarte seis meses sin ingresos para aprender el lenguaje de programación Ruby (incorporar un nuevo conocimiento), o elegir una oportunidad profesional menos redituable pero más estimulante. Durante un período de transición profesional, alguien que puede mantenerse de seis meses a un año sin ganar dinero tiene otras posibilidades (y de hecho una gran ventaja) frente a alguien que no puede estar más de un mes o dos sin ingresos.

Los activos intangibles son más difíciles de contabilizar que el dinero en una cuenta bancaria, pero si tus necesidades económicas básicas están cubiertas, los activos intangibles son finalmente los más importantes. Dominar un proyecto profesional de trabajo tiene poco que ver con cuánta pasta tienes en tu cuenta de ahorros: lo que interesa son tus aptitudes, tus contactos y tu experiencia. Debido a que los activos intangibles son abstractos, las personas tienen una tendencia a subestimarlos a la hora de sopesar sus estrategias profesionales. Suelen soltar afirmaciones como «Tengo dos años de experiencia trabajando para una empresa de marketing», en lugar de especificar explícitamente y sin rodeos lo que son capaces de hacer gracias a esos dos años de experiencia. Una de las mejores maneras de tener en cuenta tu riqueza intangible (el valor de tus activos intangibles) es acudir a un evento social y preguntar a los demás sobre sus dificultades profesionales y sus necesidades. Te sorprenderá la cantidad de veces que se te ocurrirá una idea útil, que conocerás a alguien relevante o que pensarás «Yo podría resolverlo fácilmente». Con frecuencia, cuando encuentras desafíos que a otros les parecen difíciles y a ti fáciles, es porque posees un activo intangible valioso.[3]

Sin embargo, por lo general los activos por separado no tienen mucho valor. La ventaja competitiva aparece cuando se combinan diferentes aptitudes, experiencias y contactos. Por ejemplo, Joi Ito, amigo y director del MIT Media Lab, nació en Japón pero se crió en Michigan. A los 20 años regresó a Japón y fundó uno de los primeros proveedores comerciales de internet del país. A la vez, siguió aumentando sus contactos en Estados Unidos, invirtió en nuevas empresas de Silicon Valley como Flickr y Twitter, estableció una filial japonesa de la empresa americana de blogging Six Apart, y hace poco colaboró en el desembarco de LinkedIn en Japón. ¿Joi es la única persona con experiencia en nuevas empresas que invierte en Silicon Valley? No. ¿Es la única persona con raíces en Japón y en Estados Unidos? No. Pero la combinación de sus activos idiomáticos y de conocimiento de la industria tecnológica le brinda una ventaja competitiva sobre otros inversores y empresarios.

La combinación de tus activos no es algo fijo. Puedes reforzarla invirtiendo en ti mismo, y es sobre eso que trata este libro. Entonces, si crees que te faltan ciertos activos que te harían más competitivo, no lo uses como excusa. Comienza a desarrollarlos. Y mientras tanto, observa cómo puedes transformar tu punto débil en una ventaja. Por ejemplo, es posible que no consideres la inexperiencia como un activo para destacar, pero la otra cara de la inexperiencia es que suele estar acompañada de energía, entusiasmo, voluntad de trabajar y ganas de aprender.

Tus aspiraciones y valores

Las aspiraciones y los valores son los siguientes elementos a considerar. Las aspiraciones se refieren a tus deseos más profundos, tus ideas, tus objetivos y tu visión del futuro, más allá del mundo real y de tu lista de activos. Esta pieza del rompecabezas incluye tus valores clave, lo que es importante en tu vida, ya sea el conocimiento, la independencia, el dinero, la integridad, el poder u otra cosa. Quizá nunca consigas colmar todas tus aspiraciones ni construir una vida acorde con todos tus valores, y seguramente estos cambiarán con el tiempo, pero al menos deberías orientarte en una dirección hacia una meta, aunque esta cambie.

Jack Dorsey es cofundador y presidente ejecutivo de Twitter, y cofundador y CEO de Square, una nueva empresa de pagos con tarjeta de crédito mediante teléfono móvil. En Silicon Valley es reconocido como un visionario que valora el diseño y que se inspira en fuentes tan distintas como Steve Jobs y el puente Golden Gate de San Francisco. Sus empresas han llegado a lo más alto (y están valoradas en miles de millones de dólares) sin dejar nunca de lado los valores y las prioridades de Jack. Twitter sigue ofreciendo un diseño minimalista y depurado, y el sistema de Square sigue siendo elegante. Su objetivo de hacer simple lo complejo y su alta estima por el diseño están entre las razones del gran éxito de sus empresas: clarifican las prioridades de sus productos, garantizan una experiencia satisfactoria a sus clientes y facilitan el reclutamiento de nuevos empleados atraídos por ideas similares. En una nueva empresa, poseer una visión clara que actúe como guía es una parte significativa de tus ventajas competitivas. El propósito declarado por Google de «organizar la información en el mundo», por ejemplo, ha conseguido atraer a las mentes más brillantes de la ingeniería, y a la vez ha sido lo suficientemente amplio como para dar lugar a adaptaciones y reinvenciones.

Las aspiraciones y los valores son elementos importantes para forjar una ventaja competitiva en el trazado de tu carrera: si trabajas en algo que te importa, trabajarás más y mejor. Una persona que siente pasión por lo que hace conseguirá imponerse sobre la que solo busca dinero. Es fácil olvidar esto al asumir que el mejor negocio eres tú: en tu intento por improvisar mejoras en quién eres tú hoy, puedes perder de vista lo que aspiras a ser en el futuro. Por ejemplo, si hoy trabajas como analista en Morgan Stanley, la mejor manera de incrementar tus activos puede ser buscar un ascenso en la empresa. Si el sector bancario está en declive, la mejor manera de responder a las realidades del mercado puede ser desarrollar tu capacidad en un sector relacionado pero diferente, como la contabilidad. Sin embargo, ¿alguna de estas opciones reflejan lo que realmente te importa?

Dicho esto, y al contrario de lo que muchos autores de gran difusión y diversos gurús de la motivación pretenden hacerte creer, no existe ningún «verdadero yo» en tu interior que puedas descubrir mediante la introspección y que vaya a señalarte la dirección correcta.[4] Sí, tus aspiraciones dan forma a tus actos, pero tus aspiraciones están a su vez formadas a partir de tus actos y tus experiencias. Tú te vas rehaciendo a medida que creces y que el mundo cambia. Tu identidad no puede ser encontrada: debe *surgir*.

Acepta la incertidumbre, sobre todo al comienzo. Ben, por ejemplo, sabe que valora el estímulo intelectual y que desea cambiar la vida de la gente a través del espíritu empresarial y la escritura. Cuál es el camino específico que adoptará, es algo que aún no ha descubierto. El empresario y escritor Chris Yeh declara que el objetivo de su carrera es «ayudar a personas interesantes a hacer cosas interesantes». Puede sonar vago, pero tiene un significado real: *interesantes* subraya el tipo de estímulo que está buscando, y *hacer* significa «hacer», no «pensar». Es posible que, más adelante en tu carrera, tus aspiraciones sean más específicas y más pensadas; lo mismo sucede en las misiones de las nuevas empresas. Mi meta es el diseño y la construcción de ecosistemas humanos mediante el uso del espíritu empresarial, la tecnología y las finanzas. En consecuencia, me dedico a construir redes entre personas utilizando el espíritu empresarial, las finanzas y la tecnología como catalizadores. Sin importar cuáles sean tus valores y tus aspiraciones, sé consciente de que evolucionarán con el tiempo.

LAS REALIDADES DEL MERCADO

La realidad del mundo en que vives es la pieza final del rompecabezas. Los emprendedores inteligentes saben que un producto no se venderá si los clientes no lo desean ni lo necesitan, sin importar la excelencia de su forma y su funcionamiento (piensa en el Segway). De la misma manera, tus cualidades, tus experiencias y otros activos intangibles (sin importar lo especiales que creas que son) no serán una ventaja a menos que respondan a las necesidades de un mercado activo. Si Joi fuera bilingüe en algún ignoto dialecto africano y no en el de la tercera economía del mundo (Japón), no sería una ventaja significativa para trabajar en empresas de tecnología. No olvides que el «mercado» no es algo abstracto, está formado por personas que toman decisiones que te afectan y cuyas necesidades debes satisfacer: tu jefe, tus colegas, tus clientes, tus interlocutores y tantos otros. ¿Hasta qué punto necesitan lo que tú ofreces? Y si lo necesitan, ¿ofreces algo que supera a tus competidores?

Suele decirse que los empresarios son soñadores. Cierto. Pero los buenos empresarios también tienen los pies en la tierra respecto a lo que está disponible y lo que es posible en este momento. Concretamente, los empresarios utilizan mucha energía en intentar descubrir aquello por lo que los clientes pagarían. Porque después de todo, el éxito de un negocio depende de que los clientes firmen en la línea punteada. De esa forma, tu éxito profesional (tú como negocio) depende de que tus posibles empleadores, clientes o socios elijan comprar tu tiempo.

Cuando Howard Schultz (actual CEO de Starbucks) se preparaba en 1985 para lanzar una cadena de cafeterías en Estados Unidos inspirada en las que existían en Italia, él y sus socios no se pusieron a abrir negocios por capricho: primero hicieron todo lo que estuvo en su poder para comprender la dinámica del mercado en el que desembarcaban. Visitaron quinientas cafeterías en Milán y Verona para aprender todo lo posible. ¿Cómo preparaban el café los italianos? ¿Cuáles eran los hábitos de consumo locales? ¿Cómo servían el café los bares? ¿Cómo eran los menús? Anotaron minuciosamente todas sus observaciones y filmaron las cafeterías en acción.[5] Este tipo de investigación de mercado no es algo que los empresarios hagan una sola vez al comenzar un negocio. David Neeleman es el fundador de JetBlue Airways, donde fue CEO durante siete años. Durante ese tiempo, voló en su compañía al menos una vez por semana, trabajó en cabina y comentó sus experiencias en un blog: «Cada semana volaba en JetBlue Airways y conversaba con los usuarios para aprender cómo mejorar nuestra empresa».[6]

Schultz y Neeleman tuvieron una extraordinaria visión al fundar sus nuevas empresas. Pero desde el primer día se concentraron en las necesidades de sus clientes y accionistas. En su inteligencia y lucidez, conocían bien la máxima que gusta de repetir mi amigo e inversor Marc Andreessen: A los mercados que no existen no les importa lo inteligente que eres tú. Igualmente, no importa lo duro que hayas trabajado o cuánto te apasionen tus aspiraciones: si nadie está dispuesto a pagar por tus servicios en el mercado profesional, el camino va a ser muy difícil. No se te ha dado nada.

El estudio de las realidades del mercado no tiene por qué ser un ejercicio negativo y que te limite. Siempre hay algún sector, lugar, persona o compañía pujante. Ponte en situación de poder montar esa ola. La economía china, el político Cory Booker, los productos que respetan el medio ambiente… Cada uno es una gran ola. Ponerse en posición de montarlas (hacer que las realidades del mercado operen a tu favor y no en tu contra) es la clave para conseguir el éxito profesional.

Encaja las piezas entre sí

Un buen plan de carrera debe tomar en cuenta el juego entre las tres piezas del rompecabezas (tus activos, tus aspiraciones y las realidades del mercado). Las piezas deben encajar entre sí. Capacitarte en algo determinado, por ejemplo, no te brinda automáticamente una ventaja competitiva. Que seas bueno en algo (activos), o que algo te apasione (aspiraciones), no implica necesariamente que alguien te pagará por hacerlo (realidades del mercado). Después de todo, ¿qué pasa si otra persona puede hacer lo mismo por menos dinero, o simplemente hacerlo mejor? ¿O qué sucede si no hay demanda para tus aptitudes? No es precisamente una ventaja competitiva... Igualmente, seguir tu pasión no conduce por sí solo a una carrera floreciente. ¿Y si eres apasionado pero menos competente que otros? Ser un esclavo de las realidades del mercado tampoco es conveniente: si hay pocas enfermeras en los hospitales (una carencia de enfermeras tituladas), no significa que tú debas dedicarte a la enfermería. No importa cuál sea la demanda, tú no serás más competitivo a menos que tus pasiones y tus activos estén juntos en juego.

Entonces, evalúa cada pieza del rompecabezas con relación a las otras. Hazlo con frecuencia: las piezas cambian de forma y tamaño con el tiempo. La forma en la que encajan también cambia con el tiempo. Construir una ventaja competitiva en el mercado necesita la combinación de las tres piezas en todo momento.

Durante mucho tiempo, los negocios no estaban entre mis activos, mis aspiraciones o la realidad que percibía a mi alrededor. Durante mi adolescencia concurrí al instituto Putney, en Vermont, donde recogía sirope de arce, araba el campo con bueyes y debatía con mis profesores sobre temas como epistemología (la naturaleza del conocimiento). En la universidad estudié ciencias cognitivas, filosofía y ciencias políticas. Estaba convencido de que quería cambiar el mundo para mejor. Al principio, mi plan era convertirme en académico e intelectual. En aquel entonces me aburría fácilmente (ahora también), lo que hacía de mí un distraído, alguien no muy indicado para la vida práctica. El ámbito académico me parecía adecuado para mantenerme constantemente estimulado, pensando y escribiendo sobre el valor de la compasión, el desarrollo personal y la búsqueda de la sabiduría. Con suerte, conseguiría inspirar a otros para aplicar mis ideas y construir una sociedad más noble.

Pero los estudios de posgrado, si bien estimulantes, resultaron estar basados en una cultura y un sistema de incentivos que promovían la hiperespecialización. Descubrí que los académicos terminan escribiendo para una élite intelectual de no más de cincuenta personas. Resultó que no había mucho apoyo para los académicos que buscasen difundir las ideas entre las masas. Fue así que mis aspiraciones de tener un gran impacto sobre millones de personas potenciales chocaron de frente con las realidades del mercado académico.

Adapté entonces la orientación de mi carrera: mi nuevo objetivo era intentar promover una sociedad mejor por medio del espíritu empresarial y la tecnología, cuyos detalles veremos en el siguiente capítulo. Cuando me adapté y pensé por primera vez en dedicarme a la industria, tuve entrevistas informales con amigos de la universidad que trabajaban en empresas como NeXT. Los llamé para intentar descifrar qué capacitación necesitaba (por ejemplo, escribir documentos sobre los requisitos de un producto) y qué contactos debía mantener (por ejemplo, relaciones laborales con ingenieros). Durante mi primer trabajo en el sector tecnológico, en Apple, una de las cosas que tuve que aprender fue a utilizar Adobe Photoshop para realizar maquetas de productos. Encerrarme en una habitación durante un fin de semana para convertirme en un experto del Photoshop no era algo que me pareciera importante cuando estudiaba filosofía. Sin embargo, saber utilizar Photoshop era necesario en una carrera como diseñador de productos, por lo que lo aprendí para seguir avanzando en el sector. Los compromisos son inevitables cuando se tienen en cuenta diferentes elementos, como las realidades del mercado del empleo y los propios intereses personales.

Si bien me forjé una carrera en el sector de la tecnología, no dejé de lado mis aspiraciones originales. De hecho, las cuestiones sobre identidad personal e incentivos comunitarios que investigué en la universidad son relevantes en mi actual pasión empresarial por las redes sociales, las interconexiones y los mercados. Mi interés por esos temas me permitió desarrollar cualidades específicas y destacarme en la creación de plataformas masivas de internet.

Hace poco, di un giro en mi carrera para comenzar a realizar inversiones de riesgo en Greylock. Una vez más, me apoyé en mis activos y seguí mis aspiraciones en el ámbito en el que me encontraba. Y desde entonces, puedo trabajar junto a empresarios cuyas compañías crean y definen gigantescos ecosistemas humanos, y puedo colaborar en el mejoramiento de la sociedad a gran escala, lo que colma mis aspiraciones de ser un intelectual reconocido. Las tres piezas encajan.

TODAS LAS VENTAJAS SON LOCALES: ESCOGE UN LUGAR DONDE HAYA MENOS COMPETENCIA

La forma más clara de mejorar tu ventaja competitiva es fortalecer y diversificar tu combinación de activos (por ejemplo, aprender nuevas habilidades). Sin duda, una decisión inteligente. Pero es igualmente eficaz establecerte en un nicho del mercado donde los activos que posees se destaquen más que los de tus competidores. Por ejemplo, los jugadores de básquet universitario que no son lo suficientemente buenos para la NBA suelen ir a jugar a las ligas europeas. En lugar de cambiar sus aptitudes, cambian de medio. Saben que poseen una ventaja competitiva en un mercado donde la competencia es de menor calidad.

En el mundo de la joven empresa en especial, la competencia (o su ausencia) marca una gran diferencia. Desde el comienzo, LinkedIn siguió un camino diferente al de sus competidores. Cuando comenzó a funcionar en 2003, sus competidores se centraban en el mundo empresarial. Las redes on-line de empresas ataban el perfil y la identidad de una persona a una compañía y un empleador específicos. LinkedIn, en cambio, colocó al profesional individual en el centro del sistema. Lo fundamental era que los profesionales poseyeran y manejaran sus propias identidades. Que pudieran conectarse con profesionales de otras empresas para trabajar de manera más eficiente en sus empleos y descubrir oportunidades interesantes al cambiar de empleo. LinkedIn tenía la filosofía adecuada. Las grandes redes sociales como Friendster, MySpace y ahora Facebook son muy populares, pero ninguna responde a las necesidades de los profesionales. LinkedIn sigue aportando nuevas herramientas que atraen a profesionales y deja de lado otras, como compartir fotos o jugar en red, que no contribuyen a sus ventajas competitivas. LinkedIn compite en el evento donde puede ganar la medalla de oro: lidera un espacio que ella misma ha definido.

Tú puedes crear un nicho profesional en el mercado de trabajo tomando decisiones que te diferencien de las otras personas capacitadas que te rodean. Matt Cohler, ahora socio en Benchmark Capital, pasó seis años de su vida, entre la veintena y la treintena, siendo el lugarteniente de los CEOs de LinkedIn (yo) y Facebook (Mark Zuckerberg). La mayoría de las personas talentosas quieren estar al frente, pero pocas saben desempeñar el papel de asesor. En otras palabras, hay menos competencia y más oportunidades en ser la mano derecha de las grandes estrellas. Matt era excelente en ese puesto, y se construyó una buena cartera de logros y relaciones en el proceso. Esta diferenciación profesional en el mercado lo preparó para su objetivo a largo plazo, que era ser socio en alguna de las más importantes inversoras de riesgo.

Las tres piezas del rompecabezas pueden encajar si forman parte de un buen plan. En el siguiente capítulo exploraremos las cuestiones de planificación, adaptabilidad y acción.

Invierte en ti mismo

A PARTIR DE MAÑANA:

- Actualiza tu perfil de LinkedIn para que tu presentación articule tus diferentes ventajas competitivas. Al leerla tienes que poder completar esta frase: «Gracias a mis [cualidades, experiencias, puntos fuertes], puedo hacer [tipo de trabajo] mejor que [tipos concretos de otros profesionales de mi sector]».
- Observa cómo se completa la misma frase en los perfiles de otros profesionales de tu sector (en relación a tus ventajas competitivas). Si existe una brecha, es que tú tienes un problema de marketing o de autoestima.

DURANTE LA SEMANA SIGUIENTE:

- Identifica a tres personas que luchan por objetivos similares a los tuyos y utilízalos como puntos de referencia. ¿Qué los hace diferentes? ¿Cómo llegaron a donde están? Observa sus perfiles en LinkedIn, suscríbete a sus blogs y a su perfil de Twitter. Sigue de cerca su evolución profesional y aprende e inspírate en sus trayectorias.
- Ingresa en LinkedIn o en Twitter, busca a tu empleador y otras empresas que te interesen y «síguelos». Esto te permitirá identificar más fácilmente la aparición de nuevas oportunidades y riesgos.
- Escribe en un papel alguno de tus activos en el contexto de la realidad del mercado. Forma incorrecta: sé expresarme muy bien en público. Forma correcta: a diferencia de muchos ingenieros, sé expresarme muy bien en público en cuestiones de ingeniería.

DURANTE EL MES SIGUIENTE:

- Revisa tu agenda, tus diarios y tus correos electrónicos para hacerte una idea de cómo has pasado tus últimos cuatro sábados.

¿Qué haces cuando no tienes nada urgente que hacer? La forma en que utilizas tu tiempo libre puede revelar tus verdaderos intereses y aspiraciones. Compáralos con las aspiraciones que dices tener.

• Piensa en qué es lo que aportas de valioso en tu trabajo. Si de repente dejaras de ir a la oficina, ¿qué es lo que dejaría de hacerse? ¿Cómo es un día sin ti en la vida de tu empresa? Allí puedes encontrar lo que aportas. Piensa en las cosas que la gente suele halagar en ti: podrían ser tus puntos fuertes.

• Crea un plan de inversión en activos intangibles que dé prioridad al aprendizaje sobre mercados en crecimiento y oportunidades de desarrollo. Quizá esto signifique tener que hacer un viaje a China, o asistir a una conferencia sobre tecnologías no contaminantes, o inscribirse en un curso de programación de software. Envía el plan a tres personas de confianza y pídeles que te exijan cumplirlo. De ser necesario, solicita un préstamo.

Inteligencia en red

Reúnete con tres personas de confianza y pregúntales cuáles son para ellos tus puntos fuertes. Si tuvieran que pedirte ayuda o consejo en algo, ¿en qué sería?

3

El plan para adaptarse

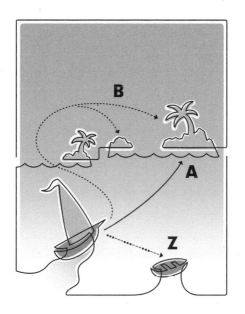

El libro de negocios más vendido de todos los tiempos lleva el caprichoso título de *¿De qué color es su paracaídas?*, pero a la hora de trazar un plan para tu carrera, esa es la pregunta incorrecta. Lo que deberías preguntarte es si tu paracaídas podrá mantenerte en el aire en condiciones difíciles. La triste verdad es que tu paracaídas (sin importar el color) puede ser destrozado y hecho pedazos en el paisaje profesional actual. Y si aún no ha sucedido, puede ocurrir en cualquier momento.

El autor Richard Bolles escribe en el primer capítulo: «Antes de comenzar a buscar trabajo, es importante que decida qué busca exactamente (puede llamarlo su pasión, su propósito en la vida o su misión)... Primero conozca su pasión, después busque trabajo».[1] Cuatro décadas después de la primera edición, esta es aún la verdad aceptada hoy en día. Puedes encontrar consejos similares en todas partes. El segundo hábito de *Los siete hábitos de la gente altamente efectiva* de Stephen Covey es: «Empiece con un fin en mente»; debes realizar una definición personal de objetivos para centrarte en ellos. En *Una vida con propósito*, Rick Warren sostiene que Dios tiene un propósito para la existencia de cada uno de nosotros.

El principal mensaje de estos libros (que llevan vendidos más de 50 millones de ejemplares) y de tantos otros, es que escuches tu corazón y sigas tu pasión. Que encuentres tu verdadero norte llenando cuestionarios o sumiéndote en una profunda introspección. Y una vez que tienes un objetivo en mente, estos libros te empujan a desarrollar un plan a largo plazo para alcanzarlo. Debes proponerte objetivos detallados y específicos. Se te exige que sepas quién eres y dónde quieres estar en diez años, y a partir de ahí debes retroceder para dibujar el camino para conseguirlo. Esta filosofía tiene grandes ventajas. Es importante tener aspiraciones sólidas. Si lo que haces te apasiona, podrás divertirte, mantener tu empeño y ganar más. También es aconsejable invertir a largo plazo: en ese caso, necesitarás bastante tiempo para descubrir si eres bueno en algo y si te gusta hacerlo.

Sin embargo, si esta fue una buena filosofía en décadas pasadas, hoy en día este tipo de abordaje en la planificación de una carrera presenta serios problemas. Primero, supone un mundo estático, y como hemos visto en el primer capítulo, el paisaje profesional ya no es lo que era. Decidir dónde quieres estar en diez años y formular un plan para llegar allí puede funcionar cuando el entorno no cambia. Podría funcionar si llegar del punto A al punto B en tu carrera fuera como cruzar un lago en bote en un plácido día de verano. Pero no estás en un lago, sino en un océano turbulento. La planificación convencional de una carrera puede funcionar en condiciones de relativa estabilidad, pero en tiempos de incertidumbre y de cambio constante es sumamente limitada, e incluso peligrosa. Tú cambiarás. El mundo a tu alrededor cambiará. Tus aliados y competidores cambiarán.

Segundo, esta filosofía supone que es posible obtener un conocimiento de uno mismo preciso y permanente. De hecho, las grandes preguntas sobre la identidad y la moral, igual que las falsamente simples como «¿Qué cosa me apasiona?», toman tiempo, y las respuestas suelen ser cambiantes. Sin importar el momento de tu vida, no es aconsejable definir un único sueño alrededor del cual hacer girar toda tu existencia.

Tercero, y como aprendimos en el capítulo anterior, encontrar un objetivo que llevar a cabo no significa que alguien vaya a pagarte por hacerlo. Si no puedes encontrar a alguien que quiera contratarte para el trabajo de tus sueños, o si no puedes sostenerte financieramente (es decir, si no ganas un salario que te permita vivir como deseas), entonces intentar convertir tu pasión en una carrera no te llevará muy lejos.

¿Pero entonces, de qué se trata? ¿Debes seguir un plan o mantenerte flexible? ¿Debes escuchar a tu corazón o al mercado? La respuesta es a ambos. Son falsas opciones, las mismas falsas opciones a las que con frecuencia se enfrentan los empresarios. Se dice que ellos deben persistir en llevar a cabo sus ideas, pero también que deben estar listos para cambiar de negocio en función de la respuesta del mercado. Deben montar un negocio que los apasiona, pero también adaptarlo a las necesidades del mercado.

Los empresarios exitosos hacen las dos cosas. Son flexibles y persistentes: comienzan negocios que responden a su visión y sus valores, pero se mantienen lo suficientemente flexibles como para adaptarse. Se obsesionan por las opiniones de los clientes, pero también saben cuándo no escucharlos. Diseñan planes modestos con el fin de conseguir una ventaja competitiva en el mercado, pero también son capaces de dejarlos de lado si se presenta una buena oportunidad. Y siempre intentan crear nuevas ventajas competitivas en el mercado.

Para convertirte en tu mejor negocio, al planificar tu carrera puedes (y debes) hacer lo mismo que un empresario. Este capítulo te enseñará cómo.

Empresas adaptables, carreras adaptables

Flickr es uno de los sitios de almacenamiento y exposición de fotografías más utilizados, con más de 5.000 millones de fotos almacenadas en sus servidores. Sin embargo, la empresa no fue creada por profesionales de la fotografía. De hecho, Caterina Fake y Stewart Butterfield, sus fundadores (junto a Jason Classon), ni siquiera se propusieron crear un sitio de intercambio de fotos.

Su proyecto original, allá por 2002, era un vídeojuego multijugador en red llamado Game Neverending (el juego sin fin). La mayoría de las plataformas de juegos de la época permitían que una o más personas jugasen al mismo juego a la vez, pero Caterina y Stewart querían crear un juego que pudiesen jugar cientos de personas a la vez. Para conseguirlo, su plan era crear algo que ellos veían más como «un espacio social para facilitar y permitir el juego», que como un juego. Para atraer y conservar jugadores en este espacio social, ofrecieron elementos de socialización como grupos y mensajes instantáneos, incluyendo un complemento a la aplicación de mensajes instantáneos que permitía compartir fotografías entre los jugadores. Al igual que otros elementos del juego, el complemento para compartir fotografías se desarrolló muy rápido (solo ocho semanas entre su concepción y su puesta en marcha).

Cuando en 2004 se incluyó por primera vez, la opción de compartir fotografías en Game Neverending no era considerada importante: las fotografías, al igual que los objetos que encontraban en el juego, eran solo otra cosa más que podían intercambiar los jugadores. Pero no pasó mucho tiempo antes de que la posibilidad de intercambiar fotografías eclipsara la popularidad del juego mismo. A medida que esto se volvía evidente, el equipo directivo se encontró frente a la necesidad de tomar una decisión: ¿Debían intentar expandir la plataforma de intercambio de fotografías sin dejar de lado su plan a largo plazo de seguir desarrollando Game Neverending, o más bien poner el juego en espera (y junto a él sus 20.000 usuarios) para concentrar la mayoría de sus recursos en el intercambio de fotografías? Al final optaron por desviarse del plan original y concentrarse exclusivamente en desarrollar la aplicación para las fotografías y la comunidad de intercambio que venía con ella. La llamaron Flickr. (Yo me convertí en su inversor cuando se transformaron en un servicio de intercambio y almacenamiento de fotografías.)

Flick se convirtió rápidamente en la opción de millones de usuarios para mostrar sus fotografías. Sus elementos sociales (etiquetar y compartir) surgieron con naturalidad del ADN social que definía el juego original, aun cuando decidieron diferenciar el servicio en respuesta a las reacciones del mercado. En 2005 Yahoo! compró la empresa y la convirtió en representante de la nueva Web 2.0. Pero más que una historia de éxito de Silicon Valley, la evolución de Flickr es un caso de estudio sobre cómo adaptarse de manera inteligente: sus fundadores, en constante movimiento desde el inicio, intentaron muchas cosas para ver cuál funcionaba, y tuvieron la habilidad de modificar su plan original en función de lo que aprendieron.

Estas son las mismas estrategias que definen las carreras más estimulantes. Basta con citar, por ejemplo, a Sheryl Sandberg. Sheryl es la directora de operaciones de Facebook, a cargo de las operaciones comerciales de la empresa. También integra los consejos de administración de Disney y Starbucks. La revista *Fortune* la señala como una de las mujeres de negocios más influyentes de la actualidad.

Quizá tú pienses que alguien tan brillante conocía sus objetivos y sus aspiraciones desde el primer día, y que siguió un riguroso y ambicioso plan de carrera con el fin de triunfar. Si piensas eso, te equivocas. Sheryl no se limitó a un plan de carrera convencional. De hecho, es una universitaria idealista con un título en ciencias económicas que nunca imaginó que algún día trabajaría en el sector privado, y mucho menos como alta ejecutiva de una de las compañías más valiosas del mundo. Comenzó su carrera en la India, bastante lejos de Silicon Valley. Allí, trabajaba en proyectos de salud para el Banco Mundial. Era un primer empleo cimentado en valores como dar ayuda a los menos afortunados y hacer algo diferente en el mundo. Sheryl había crecido en un hogar donde la actividad política era algo tan normal como comer o respirar. Su padre era un médico que llevaba con frecuencia a su familia de vacaciones a países del Tercer Mundo, donde podía ofrecer sus servicios a los pobres. Su madre participaba de un movimiento que apoyaba a disidentes soviéticos ayudándoles a ingresar chocolate blanco en la Unión Soviética, disimulado como panes de jabón (que luego vendían en el mercado negro a cambio del dinero que tanto necesitaban). Sheryl comprendía la suerte que tenía de haber nacido en Estados Unidos, con libertad y abundancia de oportunidades, y la movía el deseo de dar algo a cambio.

Luego de un par de años en el Banco Mundial, cambió de rumbo y dejó el sector público para inscribirse en la Harvard Business School, donde obtuvo un master en administración de empresas. Al salir de allí, el paso siguiente fue acceder al mundo de los negocios. Tras un año en la compañía de consultoría general McKinsey, comprendió que lo suyo no era la carrera corporativa, por lo que volvió a cambiar, esta vez en dirección a Washington D.C., donde trabajó como jefa de gabinete del entonces secretario del Tesoro Larry Summers, entre 1996 y 2001. No estaba brindando servicios de salud a los pobres de la India, pero estaba ayudando a generar políticas públicas que tendrían un efecto significativo en la vida de muchos norteamericanos. Debe señalarse que su trabajo junto a Summers no fue una casualidad: él había sido su profesor de economía en la universidad y también la había contratado para el Banco Mundial. Como siempre, Sheryl utilizaba con inteligencia sus contactos para encontrar la siguiente oportunidad, algo de lo que hablaremos más adelante.

Cuando terminó la presidencia de Clinton, Sheryl pidió consejo a Eric Schmidt, por entonces CEO de Google, a quien había conocido en el Tesoro, sobre cuál debía ser el siguiente paso en su carrera. Ella todavía recuerda la reacción de Schmidt ante su presentación detallada de los pros y los contras de sus diversas opciones: «¡No, no! Déjate de tonterías. Ve adonde haya crecimiento rápido, porque el crecimiento rápido está en el origen de todas las oportunidades»,[2] le dijo. Era un excelente consejo: hay que trabajar en un mercado con dinámica natural; hay que montar las olas más grandes.

Finalmente, en 2002, el lugar terminó siendo Google. Schmidt hizo una oferta a Sheryl para ser vicepresidenta de operaciones y ventas globales en internet. Ella consiguió transformar el grupo de ventas y operaciones en internet, pasando de cuatro empleados en California a un equipo a nivel mundial de miles de personas, y desempeñó un papel decisivo en el desarrollo y crecimiento de los programas de publicidad en internet de Google, AdWords y Ad-Sense, que hoy en día siguen siendo las principales fuentes de ingresos de la empresa.

El cambio del sector público al sector privado y de los pasillos de Washington D.C. al caos organizado de Silicon Valley, puede parecer abrupto o incluso aleatorio. Pero en realidad, cada jugada tiene sentido en el marco de los activos de Sheryl, sus aspiraciones y las realidades del mercado. Su enorme capacidad de gestión resultaba útil para una compañía en rápido desarrollo, y su formación económica le permitió desarrollar un modelo de ventas para una nueva forma de publicidad en internet. Además, la misión de Google estaba arraigada en la idea de mejorar el mundo. Luego de seis años en Google, Mark Zuckerberg contrató a Sheryl como directora de operaciones de Facebook, donde se encuentra en la actualidad.

Lo que tienen en común Flickr y Sheryl es que ambos desafían las concepciones más generalizadas sobre los caminos que conducen al éxito. Flickr contradice la concepción de que las nuevas empresas exitosas surgen de la nada y cabalgan sobre las brillantes ideas de sus fundadores para conquistar el mundo. La realidad es que muchas empresas no llevan a cabo un único y genial plan maestro. Atraviesan interrupciones, nuevos impulsos y algunas experiencias cercanas a la desaparición, y necesitan ser altamente adaptables. Pixar comenzó como una empresa que vendía un tipo especial de ordenadores para animación digital, y tuvo que pasar un buen tiempo antes de que entrase en el negocio de las películas. De la misma manera, Starbucks empezó vendiendo solo café en grano y máquinas de café, y la idea de una cafetería no estaba en sus planes.

La historia de Sheryl contradice la presuposición análoga de que casi todas las personas exitosas encuentran su destino de muy jóvenes y luego siguen sin desvíos su camino hasta conseguirlo. El plan de carrera de Sheryl no fue algo que ella construyó a los 20 años para luego seguirlo ciegamente. No juntó un montón de piezas de dominó, empujó la primera y se sentó a observar cómo las demás caían por su propio peso. En lugar de encerrarse en un único camino para su carrera, consideró las nuevas oportunidades a medida que estas se presentaban, siempre teniendo en cuenta sus activos intelectuales y su experiencia (también en constante desarrollo). Fue tomando nuevos caminos profesionales sin nunca perder de vista lo que realmente le importaba: «La razón por la que no tengo un plan es porque si tuviera un plan, me limitaría a las opciones del presente»,[3] cuenta.

Si la comparamos con la mayoría de los profesionales destacados, Sheryl es la regla, no la excepción. Seguro, Bill Clinton decidió hacer política a los 16 años, y casi desde esa edad se centró en llegar a la presidencia. Pero la mayoría de nosotros zigzagueamos en nuestro camino por la vida. Tony Blair pasó un año intentando comenzar una carrera de promotor musical antes de entrar en política. Jerry Springer fue alcalde de Cincinnati antes de hacerse famoso en la televisión. Andrea Bocelli fue abogado antes de convertirse en un cantante de fama mundial. Las carreras de éxito, como las empresas de éxito, funcionan en beta permanente: siempre están en desarrollo.

A pesar de todo, es importante comprender que aunque las empresas y las personas emprendedoras siempre están evolucionando, las decisiones que toman son disciplinadas, no azarosas. Existe una verdadera planificación, incluso si no hay un plan firme. Llamamos a este tipo de planificación adaptativa y disciplinada la «planificación ABZ», y la desarrollaremos a continuación.

La planificación ABZ

La planificación ABZ es el antídoto para el enfoque «¿De qué color es su paracaídas?» en la planificación de una carrera. Es un enfoque adaptativo que promueve el ensayo y error. Te permitirá perseguir con agresividad riesgos interesantes y mitigar el efecto de los posibles fallos. La planificación ABZ no es algo que solo debas hacer al comienzo de tu carrera: es un proceso tan importante para alguien de cuarenta o cincuenta años como para un joven recién graduado. No hay un comienzo, un medio y un final en una carrera profesional. No importa la edad que tengas o en qué punto te encuentres: siempre deberás planificar y adaptarte.

¿A qué hacen exactamente referencia A, B y Z? El Plan A es el que estás llevando a cabo en este momento. Representa la actual implementación de tus ventajas competitivas. Dentro del Plan A, deberás realizar pequeños ajustes a medida que avances y sigas intentándolo. El Plan B es aquel que debes implementar cuando necesitas modificar tus objetivos o tu camino para llegar a tu destino. El Plan B suele ser similar en su trazado al Plan A. A veces necesitas cambiar porque el Plan A no funciona, otras veces porque has descubierto una nueva oportunidad que es simplemente mejor que la que tienes en este momento. En ambos casos, no necesitas desarrollar un Plan B minucioso (las cosas pueden haber cambiado mucho cuando la tinta se seque), sino pensar seriamente en tus parámetros de acción y tus alternativas. Una vez que cambias al Plan B y te quedas allí, este se convierte en tu nuevo Plan A. Hace 20 años, el Plan A de Sheryl Sandberg era el Banco Mundial. Hoy, su Plan A es Facebook, porque es allí donde se encuentra en la actualidad.

El Plan Z es la opción alternativa, el bote salvavidas. En los negocios y en la vida, siempre se quiere seguir participando del juego. Si el fracaso significa terminar en la calle, entonces es un fracaso inaceptable. Por tanto, ¿qué es un plan aceptable, realizable y de confianza ante el caso de que todos tus planes de carrera se derrumben o que decidas realizar un gran cambio en tu vida? Ese es el Plan Z. La certeza del Plan Z es lo que te permitirá enfrentar la incertidumbre y el riesgo de tus Planes A y B.

Más adelante detallaremos en profundidad cada una de estas etapas, pero primero quisiéramos ofrecer algunas pistas generales para todas las etapas de tu plan de carrera, sea este el A, el B o el Z:

Haz planes basándote en tu ventaja competitiva

Los planes de carrera deberían aprovechar tus activos, conducirte en dirección de tus aspiraciones y tener en cuenta las realidades del mercado. El problema, como vimos en el capítulo anterior, es que estas tres piezas del rompecabezas están en permanente cambio. Lo mejor que puedes hacer es articular diferentes hipótesis sobre cada una: «Creo que soy bueno en X, creo que quiero hacer Y, creo que el mercado necesita Z». *Todos* los planes contienen este tipo de presuposiciones, pero los buenos planes las hacen explícitas para que puedas seguirles la pista en el tiempo. Esencialmente, debes dejar claras las cosas que necesitas que se cumplan para que tu plan funcione. Las hipótesis deben llevarte a nuevas acciones específicas. Las empresas tienen objetivos generales, como maximizar el valor de sus acciones, pero como mencionó Jack Welch, «esa no es una estrategia que permita saber qué hacer al llegar cada día al trabajo».[4] De la misma manera, tú puedes tener aspiraciones generales del estilo «ayudar a personas interesantes a hacer cosas interesantes», o «diseñar ecosistemas humanos». Pero una verdadera planificación significa trazar los pasos necesarios para que tus aspiraciones se hagan realidad.

Da prioridad al aprendizaje

Muchas personas posponen los empleos a tiempo completo tras pasar 23 años consecutivos estudiando. Alguien que abandonó el instituto puede hacer más dinero en poco tiempo que uno que pasó años estudiando química. Pero a largo plazo, la lógica indica que una persona con una buena base de conocimientos y aptitudes terminará haciendo más dinero y viviendo una vida más plena. Es así. Lo mismo se piensa de las nuevas empresas: las empresas de tecnología dan más importancia al aprendizaje que a los beneficios en sus primeros años, con el fin de maximizar los beneficios más adelante. Por desgracia, para muchos el aprendizaje termina al salir de la universidad. Leen sobre acciones y bonos en lugar de leer libros que mejoren su formación. Comparan sus salarios con los de sus pares en lugar de comparar las lecciones aprendidas. Invierten en la bolsa y se olvidan de invertir en sí mismos. En síntesis, se concentran en los activos tangibles en lugar de los intangibles, y esto es un error. No te sugerimos que sigas siendo un universitario mal afeitado por siempre: es importante hacer dinero y forjar activos económicos. Pero intenta en lo posible dar prioridad a los planes que ofrezcan mayores posibilidades de aprender sobre ti mismo y sobre el mundo. No solo harás más dinero a largo plazo, sino que tu carrera será más satisfactoria. Pregúntate qué plan te permitirá desarrollar con más rapidez tus activos intangibles, o más fácil aún, qué plan ofrece un mayor potencial de aprendizaje.

Aprende actuando

Los empresarios atraviesan la niebla de lo desconocido verificando sus hipótesis a través del ensayo y el error. Cualquier empresario (y cualquier experto en cognición y aprendizaje) te dirá que el conocimiento práctico se desarrolla mejor actuando, y no solo pensando o planificando. En Flickr, asumían que un juego en red multijugador tendría una gran aceptación. Solo después de lanzarlo, de juzgarlo a partir de las reacciones de los usuarios y de elaborar nuevos elementos cada pocas semanas como el intercambio de fotografías, el equipo comprendió dónde se encontraban las verdaderas oportunidades. En los inicios de LinkedIn, el plan era que los usuarios invitasen a sus contactos de confianza por correo electrónico:

un sistema de invitaciones alimentaría el crecimiento del número de profesionales. Pero finalmente resultó que la mejor manera de permitir el desarrollo viral era admitir que los usuarios subieran sus libretas de direcciones para ver quién más utilizaba el servicio.

A lo largo de tu carrera, tú tampoco sabrás cuál es el mejor plan antes de intentarlo. Solo después de pasar un tiempo en un programa de estudios doctorales pude comprender que la universidad no era mi camino. Cuando cambié al mundo de los negocios, me equivoqué al pensar que mi ventaja competitiva era ser capaz de elaborar razonamientos complejos y manejar abstracciones. Pero cuando empecé a trabajar, descubrí que mi verdadera ventaja en el sector de internet era tener la capacidad de reflexionar a la vez sobre psicología individual y dinámicas sociales a gran escala.

Aprende actuando. ¿No estás seguro de poder triunfar en la industria farmacéutica? Pasa seis meses haciendo prácticas en Pfizer, adquiere nuevos contactos y observa qué sucede. ¿Te preguntas si el marketing o el desarrollo de productos son más apropiados para ti que lo que actualmente haces? Si trabajas en una empresa donde existen esos departamentos, ofrécete a colaborar gratis. Sin importar la situación, son los actos, y no los planes, los que generan lecciones que te ayudarán a verificar las hipótesis en la realidad. Actuar te permitirá descubrir adónde quieres ir y cómo llegar allí.

Haz apuestas pequeñas y reversibles

Sin duda, habrá algunos pasos en falso al adoptar este enfoque experimental en la planificación de tu carrera. Es la parte del «error» en el ensayo y error. Pero estos errores no tienen por qué ser permanentes: un buen Plan A debe poder suspenderse, invertirse o cambiarse por un Plan B. Un buen Plan A minimiza los costes del fracaso. No lo apuestes todo de una sola vez. Inténtalo poco a poco y aprende de cada experiencia. Comienza con un período de prueba, conservando tu trabajo actual. La planificación ABZ permite recuperarse de los reveses, pero solo si estos generan verdaderas lecciones.

Ve dos pasos por delante

Planificar y adaptarse significa pensar con cuidado sobre el futuro. Abalanzarse sobre el primer trabajo bien remunerado o uno que aumente tu estatus puede brindarte una gratificación inmediata, pero no te acercará más a una carrera que valga la pena. Un objetivo que pueda conseguirse en un solo paso probablemente no sea muy sólido o carezca de ambición. El profesor de negocios Clayton Christensen dijo una vez a sus estudiantes de la Harvard Business School: «Si estudiáis las causas de las debacles en los negocios, encontraréis una y otra vez una predisposición hacia comportamientos que brindan una gratificación inmediata». Sin embargo, no intentes hacer lo contrario y pensar en un futuro demasiado lejano. Una vez más: tú cambiarás, el mundo cambiará, tus competidores cambiarán. Esa es la razón por la que este marco carece de Planes C, D o E.

Lo mejor que puedes hacer es pensar y planificar con dos pasos de antelación. Si quisieras ser ascendido de analista a socio, podrías necesitar construir una relación con un socio clave, o inscribirte en un curso nocturno para aprender técnicas avanzadas de gestión, antes de dar el paso dentro del despacho de tu jefe y pedirle un ascenso. Algunas veces, el primer paso hacia un objetivo es bastante sencillo. Una pregunta que la gente suele hacernos es cuál es la mejor manera para entrar en las nuevas empresas de Silicon Valley. Pues bien, hay muchas maneras, pero el primer paso es el siguiente: ¡múdate aquí!

Si no sabes cuál debe ser tu primer paso, o incluso el segundo, escoge un primer paso cuyo valor sea elevado, es decir, que conduzca a varias opciones posibles. La consultoría general es el ejemplo clásico de un avance profesional que maximiza las opciones, ya que las aptitudes y las experiencias de la consultoría pueden ser útiles para cualquier camino que elijas, incluso si aún no sabes cuál es. Un buen Plan A ofrece flexibilidad para pivotar hacia una gran variedad de Planes B. De la misma manera, un buen primer paso genera un gran número de posibles segundos pasos.

Mantén una identidad independiente de tus empleadores

The Onion, un periódico satírico, publicó en noviembre de 2008 un excelente artículo sobre la necesidad de enviar médicos en ayuda de los seguidores de la campaña de Obama, que yacían en los bancos de las plazas y caminaban sin dirección por las calles de las ciudades, con sus vidas vacías de sentido tras el triunfo en las elecciones. Era una broma, por supuesto, pero señalaba un punto interesante: dedicarse plenamente a algo es grandioso, pero cuando ese algo se convierte en lo que se deseaba, uno queda expuesto a una crisis de identidad al cambiar a un Plan B. Establece una identidad independiente de tu empleador, de tu ciudad o tu sector. Por ejemplo, en la presentación de tu perfil LinkedIn no pongas un puesto de trabajo específico (vicepresidente de marketing en la empresa X), sino una marca personal o un resumen de tus activos (empresario, estratega de productos, inversor). Inicia un blog personal y empieza a crear una reputación y una cartera de trabajo públicas e independientes de tu empleador. De esta forma, tendrás una identidad profesional que podrás llevarte contigo al cambiar de trabajo. Tu dueño eres tú. Tú eres tu mejor negocio.

Ahora, echemos un vistazo a cómo aplicar estas estrategias en diferentes momentos a lo largo de la secuencia A–B–Z.

Plan A: casi preparados, apunten, fuego, apunten, fuego, apunten, fuego…

PayPal es la empresa líder en pagos en internet, y procesa más del 20 por ciento de todas las transacciones de comercio electrónico en Estados Unidos. Incontables personas alrededor del mundo se han enviado entre sí miles de millones de dólares a través de internet (de modo instantáneo y seguro) gracias a la innovadora tecnología de PayPal. Cuando PayPal comenzó a cotizar en bolsa en 2002 (una de las únicas dos empresas que lo hicieron ese año), trajo consigo nuevas esperanzas a un sector tecnológico en recesión. Cuando eBay la compró por 1.500 millones de dólares, PayPal se ganó un lugar entre las grandes historias de éxito de Silicon Valley. Sin embargo, el Plan A de PayPal no se parecía en nada a la empresa de hoy en día.

En 1998, el programador Max Levchin se asoció con el inversionista en derivados financieros Peter Thiel para crear un «monedero electrónico» (una plataforma mediante la cual guardar dinero e información en el teléfono móvil). La idea pronto evolucionó a un software que permitiese enviar y recibir dinero de forma segura a través de una Palm Pilot (la primera PDA, o ayudante personal digital), para que dos amigos puedan dividirse la cuenta de un restaurante utilizando sus PDA. Era una buena idea que combinaba los conocimientos de Max y Peter en tecnología y finanzas, activos complementarios que les otorgaban una ventaja competitiva como fundadores. Max y Peter llamaron a la empresa Confinity, una mezcla de los términos ingleses *confidence* (confianza) e *infinity* (infinito). Pero la Palm Pilot no estaba funcionando.

Entonces, Max y Peter volvieron a intentarlo. Crearon un servicio de transferencia de pagos por internet que no necesitaba una Palm ni ningún otro dispositivo móvil. Permitía enviar dinero de forma segura a cualquiera que tuviese una dirección de correo electrónico. Los que recibían podían, a su vez, transferir el dinero electrónicamente a sus cuentas bancarias. Para este servicio tan útil para los negocios, al que llamaron PayPal, incluyeron un sistema de procesamiento de pagos por tarjeta de crédito. No era necesaria una cuenta comercial para procesar los pagos con tarjeta: solo una interfaz electrónica, simple y universal.

Confinity llegó a acuerdos con los primeros clientes para transferencias de dinero entre pares (P2P) tanto a través de la aplicación de Palm Pilot como del servicio de pagos electrónicos de PayPal, aunque en el primer caso las cosas no avanzaron tan rápido como se esperaba. La empresa tuvo que luchar para encontrar un espacio de utilización en un mercado masivo: el público no estaba acostumbrado a enviarse dinero entre sí de forma electrónica y virtual.

En resumen, el Plan A de PayPal había evolucionado. Ya no eran necesarias nuevas tentativas ni nuevas pequeñas apuestas, y aprendieron muchas cosas de esta experiencia. Pero el juego no había terminado aún, gracias a un sitio de subastas llamado eBay que no paraba de crecer. Pero ya veremos esto más adelante.

Hace un tiempo, yo me encontraba ante una situación similar en mi carrera. Mi Plan A (tras dejar la universidad) había sido entrar en el sector de los ordenadores, pero tenía un gran problema. No estaba seguro de poseer las aptitudes técnicas para competir en un lugar como Silicon Valley. Aspiraba a crear una tecnología que pudiesen utilizar millones de personas. Claramente, en el mercado existía una demanda creciente de gente con experiencia en internet. ¿Tenía yo las aptitudes necesarias y la capacidad de crear suficientes conexiones en la industria tecnológica como para triunfar? Lo que hice para descubrirlo fue intentarlo, y para ello conseguí un empleo (gracias al amigo de un amigo) en Apple Computer, en Cupertino.

Apple me contrató para trabajar en su grupo de experiencia de usuarios, pero poco después de comenzar aprendí que la combinación producto/mercado (la gestión de productos) era más importante que la experiencia del usuario o el diseño. Pueden desarrollarse excelentes y relevantes interfaces de usuarios, y Apple sin duda lo ha hecho, pero si los clientes no necesitan o desean el producto, no lo comprarán. En Apple y en la mayoría de las empresas, las preguntas sobre la adecuación producto/mercado pertenecen al ámbito del grupo de gestión de productos, y no al de experiencia de usuarios. Y precisamente porque la gestión de productos es vital en toda organización productiva, la experiencia laboral en esa área suele brindar más oportunidades profesionales.

Así, de la misma forma en que la primera versión de PayPal fue cambiando de un monedero digital a un sistema de transferencias de pago por internet, yo busqué cambiar a un puesto de gestión de productos dentro de Apple (Plan «A1»). Pero los trabajos de gestión de productos requieren experiencia en gestión de productos. Es la clásica trampa burocrática: ¿Cómo se consigue la experiencia en trabajos que requieren experiencia? Mi solución: trabajar gratis. Hablé con James Isaacs, el director de gestión de productos en el grupo eWorld de Apple, y le dije que tenía algunas ideas. Le ofrecí presentárselas sin dejar de hacer mi trabajo, y eso hice. Los gestores de productos revisaron mis ideas, me alentaron y me ofrecieron sus comentarios. Fue una apuesta pequeña y reversible, un experimento dentro de mi trabajo que funcionó.

La experiencia me enseñó que poseía las cualidades y la intuición para lanzarme en el sector tecnológico (activos). Aprendí que la gestión de productos estaba más cerca del corazón de las empresas de tecnología que el trabajo para el que me habían contratado originalmente (realidades del mercado). También aprendí que la estrategia de productos era un camino que podía impulsarme a los más altos niveles en el mundo de los negocios, lo que a su vez me permitiría concretar mi visión de provocar un gran impacto (aspiraciones). Todas son importantes lecciones que no hubiera aprendido de otra forma que no fuera poniendo un pie en el sector.

Tras dos años en Apple, abandoné la empresa para trabajar a tiempo completo como gestor de productos en Fujitsu, en Silicon Valley (Plan «A2»). Seguía dentro de mi Plan A: todavía estaba experimentando dentro del sector tecnológico. Pero a la vez estaba perfeccionando mis activos y mis aspiraciones para lo que quisiera hacer a continuación: mi Plan B.

Plan B: cambia mientras aprendes

Mientras desarrollas y ajustas tu Plan A, puedes decidir que necesitas realizar un gran cambio: en ese momento es cuando cambias, pivotas, hacia el Plan B. Pivotar no es lanzar un dardo sobre un mapa y luego dirigirse allí. Implica cambiar de dirección o cambiar de camino para llegar a algún lado basándote en lo que has aprendido.[5] Una vez que hayas cambiado y emprendas un nuevo camino, ese se convertirá en tu nuevo Plan A.

El cambio de PayPal al Plan B se produjo gracias a eBay. En aquel momento, eBay era el mercado entre individuos más utilizado de la red, y las subastas necesitaban de transacciones financieras entre individuos. Eso significaba que un comprador en una ciudad enviaba un cheque por correo o una orden de transferencia de dinero a un vendedor en otra ciudad. El proceso era incómodo, llevaba mucho tiempo y no era confiable. A medida que eBay crecía, los vendedores se sentían más descontentos respecto a las opciones de pago. Querían una forma más eficiente de cerrar las transacciones.

Cuando el equipo de PayPal observó que un número creciente de usuarios de eBay intentaba utilizar PayPal para realizar sus pagos, su primera reacción fue: «¿Por qué demonios utilizan nuestro producto?» (recuerda que el primer objetivo de PayPal eran los pagos a través del móvil). Finalmente se dijeron que quizá esas personas fuesen sus clientes, lo que los llevó a comprender que la empresa debía cambiar a un Plan B: ofrecer a la comunidad de eBay una forma fácil de pagar por lo que compraban en las subastas virtuales. En 1999 PayPal abandonó la aplicación para Palm Pilot (el Plan A original) y se concentró en eBay. El Plan B no era algo azaroso, como una aplicación chat. Mantuvo una coherencia respecto a las raíces originales y a la vez buscó capitalizar en lo que parecía ser una verdadera necesidad del mercado.

Al final, el Plan B de mi carrera se cruzó con el Plan B de Pay-Pal. Unos años antes de que PayPal despegase, y tras un tiempo en Apple y Fujitsu, decidí cambiar hacia el mundo de los emprendimientos y montar una empresa propia. En 1997 cofundé Socialnet.com, un sitio de encuentros por internet. A la vez, ayudaba a Peter y Max a poner en marcha PayPal, como miembro de la junta directiva, prometiendo responder a sus inquietudes y llamadas. En mi mente, tenía dos posibles Planes B. Uno era profundizar mi relación con PayPal, por ejemplo, trabajando allí a tiempo completo. El otro era conseguir un trabajo en la industria tecnológica. Mi experiencia como fundador de Socialnet permitiría que cualquiera de los dos pasos fuese un cambio de carrera natural. En enero de 2000, un año antes de que Socialnet cerrara (una experiencia que me enseñó muchísimo), decidí trabajar junto a Max y Peter a tiempo completo y me convertí en vicepresidente ejecutivo de la empresa.

Tanto el Plab B de PayPal como el mío funcionaron. En PayPal, el procesamiento de pagos por internet para usuarios de eBay (y otros) fue un éxito. Esto no quiere decir que haya sido fácil, sino más bien todo lo contrario. PayPal cambió su modelo de negocio, incorporó nuevos ejecutivos, se fusionó con otra empresa y perdió millones de dólares debido a los fraudes. Quizá el punto más bajo fue cuando la empresa gastó 12 millones de dólares en un mes sin obtener ningún beneficio (la situación era tan delicada que le dije a Peter que podíamos pasar un día entero tirando puñados de dinero desde el techo del edificio sin acercarnos al nivel de pérdidas de la empresa). El equipo lidió con estos desafíos con flexibilidad y aprendió de ellos, sin dejar de perseguir su objetivo: facilitar la transferencia de pagos por internet en todo el mundo.

Desde el punto de vista de mi carrera, me topé con baches parecidos en el camino, pero todos fueron muy instructivos. Aprendí a adaptarme a la velocidad del mundo de las nuevas empresas, aprendí a atraer y emplear a las personas valiosas, aprendí sobre las formas buenas y malas de la impaciencia, y mucho más. Lo aprendido en PayPal me preparó para mi siguiente cambio: volver a intentar crear mi propia empresa. Y esa empresa fue LinkedIn.

¿Cuándo cambiar? Buscar el beneficio y evitar la pérdida

¿Cómo saber cuándo hay que pasar del Plan A (lo que estás haciendo ahora) a un Plan B? ¿Cuándo es el momento de cambiar de departamento, de trabajo o incluso de sector? Difícilmente sabrás con seguridad cuándo cambiar y cuándo persistir en lo que estás haciendo. En general, la lección del sector tecnológico es que es mejor estar al frente de un gran cambio que detrás. Pero la pregunta de cuándo cambiar exactamente es tanto una cuestión de arte como de ciencia, de intuición combinada con las mejores críticas o información que puedas conseguir (esto lo veremos en el capítulo sobre inteligencia en red). Por supuesto, nos esperan también cuotas de buena y mala suerte en el camino, que abrirán o impedirán nuevas oportunidades.

La suposición más frecuente es que debe cambiarse al Plan B cuando el Plan A no está funcionando. Suele ser así, pero no siempre. Lo que se está haciendo ahora no tiene por qué fracasar para que tenga sentido cambiar. Sheryl estaba lejos de fracasar cuando optó por la posibilidad que le brindaba Google. Si te parece que el césped es más verde en otro lado, ¡ve por él!

Por supuesto, dada la volatilidad del paisaje profesional de hoy en día, la decisión de cambiar no siempre es voluntaria, y a veces nos vemos obligados a pasar al Plan B. Pueden despedirnos, la aparición de nuevas tecnologías puede automatizar o externalizar nuestro trabajo cotidiano, o incluso el sector en el que nos desempeñamos puede cambiar. También existe la posibilidad de un cambio importante en nuestra vida, como tener hijos, que reorganice nuestras prioridades y requiera un cambio hacia una situación que ofrezca un equilibrio diferente entre la vida privada y la vida profesional.

Andy Grove, cofundador de Intel, se refiere a este tipo de acontecimientos como «puntos de inflexión». En un contexto empresarial, Grove define como un punto de inflexión estratégico lo que sucede cuando una fuerza 10X (diez veces mayor) afecta un negocio. Por ejemplo, para un pequeño comercio local, la instalación de un hipermercado cerca representa una fuerza 10X sobre el negocio. Para una empresa de tamaño medio, la adquisición por parte de una gran corporación es una fuerza 10X. Muchos viejos gigantes como Blockbuster, Kodak o el *New York Times* se encuentran en medio de puntos de inflexión en sus entornos provocados por la fuerza 10X de la revolución digital.

De la misma manera en que fuerzas externas amenazan a las empresas, estas también pueden afectar profundamente tu propia carrera. Para un obrero metalúrgico de Detroit, el cierre de una fábrica representa una fuerza 10X. Para un maestro de escuela, los recortes en educación son una fuerza 10X. Como dice Grove, «el punto de inflexión en una carrera es el resultante de un cambio sutil pero profundo en el entorno profesional, donde el futuro de su carrera estará determinado por las acciones que emprenda como respuesta a dicho cambio».[6] Un punto de inflexión en tu empresa o sector por lo general requerirá un cambio en tus aptitudes o en tu entorno. En otras palabras, con frecuencia exigirá un cambio de tu parte.

Es imposible saber con exactitud cuándo un punto de inflexión afectará tu carrera. Lo único que puedes saber sobre el futuro es que sucederá más pronto y será más extraño de lo que tú piensas. Entonces, en lugar de intentar lo imposible y predecir cuándo te amenazará un punto de inflexión, prepárate para lo desconocido. Desarrolla tus activos intangibles e incorpora las nuevas tecnologías de forma proactiva, para que cuando efectivamente llegue el punto de inflexión tú estés preparado para redireccionar rápidamente y con éxito tus aptitudes hacia un Plan B.

James Gaines es un ejemplo ideal de alguien que adaptó sus planes anticipándose a fuerzas disruptivas. Durante el reinado de las revistas impresas, Gaines era el rey. Fue editor en jefe de la revista *People* primero, después de *Life* y finalmente de *Time*, por entonces una de las publicaciones más influyentes del mundo. Allí entrevistó a muchos jefes de Estado y dirigió un equipo editorial de más de 600 periodistas. Dejó la revista en 1996 para dirigir el sector editorial corporativo del imperio Time Inc., supervisando las operaciones de las 26 revistas de la empresa. Un año en aquel puesto le sirvió para recordar que su pasión era la escritura y no la administración. Pasó entonces a trabajar como autónomo y comenzó a escribir libros. Como podía escribir desde cualquier lugar del mundo, se mudó con su familia a París para ofrecer una educación más enriquecedora a sus hijos y encontrar una mayor inspiración para su escritura.

En 2002, mientras vivía en París, Gaines y su hijo fueron a ver la primera película de la saga de Harry Potter. Aquella noche resultó ser una experiencia de cambio en la carrera de Gaines. En una de las escenas de la película, Harry abre un libro y de él surge un rostro tridimensional que gesticula. Gaines recuerda cómo aquella escena le provocó una epifanía: ¡un libro interactivo! En aquel entonces se encontraba escribiendo un libro sobre Johann Sebastian Bach, y le parecía muy frustrante que el lector no pudiese escuchar la música que describía el texto. Quizá la tecnología podría transformar los libros para mejor: quizá podría añadir un toque de la magia de Harry Potter a la experiencia de la lectura.

Para el verano de 2008, poco después de cumplir 61 años, Gaines regresó a Estados Unidos con dos libros publicados a su nombre. Con una vida dedicada al periodismo y una gran experiencia como editor, podría haber conseguido sin problemas un puesto en el negocio. Pero supo que el futuro ya había llegado, y que los antiguos medios no tenían lugar en él. Entonces cambió al Plan B. No sentía pánico, sino excitación. En lugar de aferrarse al pasado, optó por las innumerables posibilidades narrativas del medio digital. Esta predisposición positiva lo sostuvo durante el período de aprendizaje.

Se convirtió en editor en jefe de *Flyp*, una nueva revista en internet con contenidos de audio y vídeo sobre política, finanzas y cuestiones sociales. Gaines tenía mucho que aprender de una revista virtual multimedia, y no existían entrenamientos o cursos formales al respecto. Sus jóvenes subordinados fueron sus maestros en el día a día, enseñándole cómo hacer edición de audio y vídeo, a comprender las bases de datos MySQL y a discernir los pros y los contras de otros protocolos de internet. Escuchando a Gaines, uno podría creerse que incorporar estas nuevas aptitudes fue para él un paseo. Pero piensa en su ego: tenía décadas de experiencia, y una larga lista de éxitos a sus espaldas. Sin embargo, se encontró a sí mismo en cierta forma desprotegido y joven otra vez. Estaba en un estado beta permanente.

En lugar de esperar a que un punto de inflexión afectase su carrera, Gaines se adaptó. En lugar de intentar preservar lo que siempre había sido, explotó con éxito sus aptitudes en un nuevo medio. Durante el proceso, nunca perdió de vista su ventaja competitiva en el mercado profesional: su habilidad para contar historias capaces de conmover a las personas, sin importar el medio en el que son contadas.

HACIA DÓNDE CAMBIAR: A UN NICHO ADYACENTE, ALGO DIFERENTE PERO RELACIONADO

El Plan A de Flickr era crear un juego multijugador en internet. Mi Plan A original era ser un académico. El de Sheryl era ayudar a los desfavorecidos, comenzando en la India. El de James Gaines era ser editor de una revista. Ninguno de nosotros siguió en el Plan A, y a primera vista el plan actual parece no tener relación con el anterior, pero si observas con atención verás que existe una evolución lógica a través de los diferentes cambios. Yo sigo difundiendo conocimientos e ideas a través de LinkedIn, de las empresas que decido fundar y, actualmente, a través de este libro que escribo junto a Ben. Sheryl sigue ayudando a los desfavorecidos de países como Siria y Egipto, que utilizan Facebook para organizarse y manifestarse contra gobiernos dictatoriales. El mejor Plan B es a la vez diferente y muy relacionado con lo que uno hace actualmente. Al pensar en tus alternativas para el Plan B, prioriza las opciones que te permitan mantener un pie en el suelo mientras el otro se adentra en un nuevo territorio. Cambia a un nicho adyacente.

Cómo cambiar: comienza en paralelo

A menos que necesites cambiar de inmediato, una forma de iniciar el proceso de cambio es comenzar tu potencial Plan B en paralelo: capacítate durante el fin de semana, relaciónate con personas que trabajen en un sector adyacente, ofrécete para unas prácticas a medio tiempo, comienza con una consultoría en paralelo… Esto es lo que hice cuando empecé a asesorar a PayPal mientras trabajaba en Socialnet: era un proyecto paralelo que tenía el potencial de convertirse en un Plan B a tiempo completo (cosa que terminó por suceder).

Muchas empresas como 3M, Gore-Tex, Google o LinkedIn, pagan a sus empleados para que utilicen una parte de su tiempo experimentando en proyectos paralelos. ¿Por qué no hacer de esto una política personal para tu carrera? Establece un día de la semana, o del mes, o cada pocos meses, para trabajar en algo que podría formar parte de tu Plan B. Si tienes una idea de negocio que quisieras desarrollar, una aptitud que quisieras aprender, una relación que quisieras establecer o cualquier otra curiosidad o aspiración, empieza a hacerlo como un proyecto paralelo y observa cómo evoluciona. Cuanto menos, habla de ello con los demás. Tómate un día para tomar un café con cinco personas que trabajen en un sector adyacente al tuyo.

Si deseas dar pasos aún más pequeños, tómate unas «vacaciones vocacionales»: existen empresas que organizan prácticas en el trabajo que desees, ya sea compositor de sinfonías, agente inmobiliario o escritor de diarios de viaje. Si por ejemplo, crees que te gustaría abrir tu propio spa, te pondrán en contacto con la dueña de un spa y te llevarán a pasar algunos días allí, observando los detalles del negocio y permitiéndote conversar a fondo sobre lo que necesitas para triunfar en el sector. Esa es una excelente manera de explorar Planes B potenciales sin que te comprometas con algo irreversible o demasiado grande.

Plan Z: Súbete a tu bote salvavidas y reagrúpate

La razón por la que mucha gente no opta por el ensayo y error, por aprender haciendo, por adaptarse y por los otros temas de este capítulo, es porque estas estrategias provocan verdadera incertidumbre. Es muy fácil decir «aprende haciendo» pero ¿qué pasa si no estás seguro de qué aprenderás, o de qué es lo que debes hacer? Como comentaremos en el capítulo sobre los riesgos, la incertidumbre nunca desaparece. La manera de sentirse cómodo con estas estrategias empresariales es tener en la vida un plan con altos niveles de certeza. Este es el Plan Z: un plan seguro al que cambiar cuando ya no se confía en los Planes A y B, o cuando estos planes se ven seriamente afectados. La certeza y el apoyo del Plan Z es lo que te permitirá ser agresivo, y no indeciso, con los Planes A y B. Al tener un Plan Z, al menos sabrás que puedes tolerar el fracaso. Sin él, puedes terminar petrificado por el miedo al contemplar las posibilidades más catastróficas.

Cuando creé mi primera empresa, mi padre me ofreció una habitación extra en su casa en el caso de que no funcionara: vivir allí mientras buscaba otro trabajo era mi Plan Z. Esto me permitió ser agresivo en mis objetivos empresariales, ya que sabía que podía dejar mis activos en cero si lo necesitaba, y aun así seguir teniendo un techo bajo el cual dormir. La idea de terminar en la calle, en bancarrota o sin empleo, es un resultado inaceptable cuando falla uno de tus planes de carrera. El Plan Z está allí para evitar que esos resultados inaceptables se conviertan en realidad.

Si estás soltero y en la veintena, conseguir un trabajo de camarero y mudarte a vivir con tus padres puede ser un Plan Z aceptable. Si estás en la treintena o en la cuarentena y tienes hijos, el Plan Z podría ser el rescate de capital de tu fondo de pensiones. Sea como sea, piensa en él como un bote salvavidas y no como un plan a largo plazo. Recurrir al Plan Z debe permitirte retirarte, reagruparte y desarrollar un nuevo Plan A. No se trata de un final, sino de aquello que te mantendrá a flote mientras te recargas y te lanzas a un nuevo viaje, a un nuevo Plan A.

Invierte en ti mismo

A PARTIR DE MAÑANA:

- Haz una lista de tus principales incertidumbres, dudas y preguntas sobre tu carrera en el momento presente. Haz una lista de las hipótesis que estés desarrollando alrededor de dichas incertidumbres: ¿qué es lo que necesitas para decidir si debes continuar con tu Plan A o cambiar al Plan B?

- Escribe tus actuales Plan A y Plan Z, y añade algunas notas sobre los posibles pasos hacia un Plan B en tu situación actual.

DURANTE LA SEMANA SIGUIENTE:

- Arregla un encuentro con alguien que haya trabajado en tu nicho profesional y que haya cambiado a un nuevo plan de carrera. ¿Cómo realizó el cambio? ¿Por qué? ¿Fue un movimiento acertado? ¿Cuáles fueron las señales de que era el momento indicado?

- Establece un plan para desarrollar aptitudes más transferibles, es decir, aptitudes y experiencias que sean útiles en otros países y en otros trabajos potenciales. La capacidad para escribir, las experiencias de gestión general, la capacitación técnica y de manejo de ordenadores, las aptitudes sociales, las experiencias internacionales o el manejo de idiomas son algunos ejemplos de aptitudes con gran capacidad de transferencia a un amplio espectro de Planes B. Una vez que hayas establecido las aptitudes en las que invertir, desarrolla un plan concreto de acción al que atenerte, ya sea inscribiéndote en un curso o una clase, o simplemente dedicando una hora a la semana para aprender por tu cuenta.

DURANTE EL MES SIGUIENTE:

- Comienza un proyecto experimental paralelo en el que trabajar durante las noches y los fines de semana. Oriéntalo alrededor de una aptitud o una experiencia diferente pero relacionada, algo que mejore lo que haces actualmente o que pueda servir de Plan B si tu Plan A no funciona. De ser posible, colabora con otra persona de tu red de contactos en este proyecto.

• Establece una identidad independiente de tu empleador, ciudad o sector. Reserva un dominio personal (tunombre.com). Imprime un segundo juego de tarjetas personales solo con tu nombre y la dirección de correo electrónico personal.

Inteligencia en red

Contacta con cinco personas que trabajen en nichos adyacentes e invítalos a tomar un café. Compara tus planes con los suyos. Conserva estas relaciones en el tiempo para poder acceder a diversas fuentes de información y encontrarte en una mejor posición para cambiar a esos nichos de ser necesario.

4

Se necesita una red

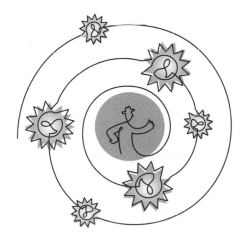

Incluso si asumes el hecho de encontrarte en beta permanente, incluso si desarrollas una ventaja competitiva, incluso si adaptas tus planes de carrera a las condiciones cambiantes del entorno… Incluso si haces todo esto, pero lo haces solo, te quedarás corto. Los grandes profesionales construyen redes que los ayudan a abrirse paso en el mundo. No importa cuán brillante seas tú o tu estrategia, si trabajas en solitario siempre perderás frente a un equipo. Los atletas necesitan directores técnicos y entrenadores, los niños prodigio necesitan padres y maestros, los directores necesitan productores y actores, los políticos necesitan donantes y estrategas, los científicos necesitan compañeros de laboratorio y mentores. Penn necesitó a Teller. Ben necesitó a Jerry. Steve Jobs necesitó a Steve Wozniak. En efecto, el trabajo en equipo es algo propio del mundo de las empresas jóvenes. Son muy pocas las compañías nuevas creadas por una sola persona. Todos en la comunidad empresarial concuerdan en que el ensamblaje de un equipo talentoso es un elemento clave.

Los inversores de riesgo invierten en las personas tanto como en las ideas. Por lo general, tienden a apoyar más a fundadores brillantes con ideas no tan buenas que a fundadores mediocres con buenas ideas, en la convicción de que las personas inteligentes y adaptables se abrirán camino hasta conseguir algo que funcione (hemos mencionado esto previamente en los casos de PayPal y

Flickr). Los creadores de empresas no solo deben ser talentosos, sino que deben estar decididos a conseguir que otras personas talentosas se sumen al proyecto. La fuerza de los fundadores y de los primeros empleados es un reflejo de la fuerza individual del gerente general, y es por eso que los inversores no evalúan al gerente general de forma aislada, sino en relación a su equipo. Vinod Khosla, cofundador de Sun Microsystems e inversor en Silicon Valley afirma: «El equipo que usted construya será la compañía que usted construya». Mark Zuckerberg confesó que gasta la mitad de su tiempo en reclutar gente.

Así como los empresarios están siempre reclutando y construyendo equipos de personas valiosas, tú debes dedicarte siempre a construir tu red profesional con el objetivo de hacer crecer el negocio que es tu carrera. Dicho claramente, si quieres acelerar tu carrera necesitarás la ayuda y el apoyo de otras personas. Por supuesto, a diferencia de los fundadores de nuevas empresas, no tendrás que contratar un equipo de empleados que te respondan, ni tendrás que responder a un consejo de administración. Lo que harás (o lo que deberías hacer) es establecer un equipo variado de aliados y consejeros con el que crecer a lo largo del tiempo.

Las relaciones son fundamentales en tu carrera, al margen del sector o el nivel en el que te encuentres, ya que finalmente todo trabajo se reduce a interactuar con otras personas. De hecho, la palabra *compañía* deriva de los términos latinos *cum* y *pane*, que significan «compartir el pan».[1] Incluso si eres un solitario programador de software, necesitarás en algún punto trabajar con otras personas si deseas crear un producto que la gente quiera utilizar. Amazon, Boeing, UNICEF y Whole Foods, por nombrar algunas compañías, son organizaciones muy diferentes, pero todas son, en última instancia, organizaciones de personas. Son las personas las que desarrollan las tecnologías, escriben la declaración de objetivos y están detrás de los logotipos corporativos y las abstracciones.

Las personas son fuente fundamental de recursos, oportunidades, información, etcétera. Por ejemplo, mi amistad de muchos años con Peter Thiel, que comenzó en la universidad, es la que me conectó con PayPal. Sin esa relación, Peter nunca me habría llamado para proponerme la oportunidad que cambiaría mi vida. De la misma manera, sin esa relación yo nunca habría puesto en contacto a Sean Parker ni Mark Zuckerberg con Peter para financiar los inicios de Facebook. En estas alianzas, los recursos y la asistencia circulan en ambas direcciones.

Las personas también actúan como guardianes. Jeffrey Pfeffer, profesor de comportamiento organizacional en Stanford, ha mostrado que cuando se trata de ser promovido en el trabajo, contar con relaciones sólidas y estar en buenos términos con el jefe puede ser más importante que la capacidad que uno tenga. Esto no es una forma vil de nepotismo o de trapicheos de oficina, aunque por desgracia a veces pueda serlo. Existe una buena razón para ello: una persona ligeramente menos competente que se lleva bien con los demás y aporta en un equipo puede ser mejor para la empresa que alguien sumamente competente pero que no es un buen jugador en equipo.

Por último, las relaciones son importantes porque las personas con las que ocupas tu tiempo moldean quién eres y en quién te convertirás. El comportamiento y las creencias son contagiosos: es sencillo «contagiarse» del estado emocional de los amigos, imitar sus acciones y absorber sus valores como propios.[2] Si tus amigos son el tipo de personas que consiguen sus objetivos, posiblemente tú también lo serás. La manera más rápida de cambiar es relacionarse con gente que ya es como tú quieres ser.

Yo[Nos] (Yo al Nosotros): Tú y tu equipo

A pesar de que nada importante en la vida se consigue actuando solo, vivimos en una cultura obsesionada por el mito del héroe. Si preguntas entre la población de qué modo una empresa destacada como General Electric alcanzó su estatus de gigante, seguramente escucharás hablar mucho de Jack Welch, pero no del equipo que construyó a tu alrededor. Y si preguntas por la carrera de alguien como Jack Welch, te dirán que llegó a la cima de la pirámide gracias a cosas como trabajo duro, inteligencia y creatividad.

Por lo general, las explicaciones sobre el éxito de una persona están condimentadas con sus atributos individuales. Los libros que ofrecen mejorar tu vida están clasificados en la categoría de «autoayuda». Los seminarios que prometen enseñarte cómo ser exitoso son considerados de desarrollo personal. Las escuelas de negocios no suelen enseñar aptitudes para construir relaciones. Todo es yo, yo, yo, yo. ¿Por qué no solemos hablar de los amigos, aliados y colegas que nos hacen ser quienes somos?

Esto se debe en parte a que la idea del hombre que se hizo a sí mismo constituye una buena historia, y las historias son la forma en la que procesamos un mundo complejo y desordenado. Las buenas historias tienen un comienzo, un nudo y un desenlace; un drama; una causalidad comprensible; un héroe y un villano. Es más fácil contar una historia dejando de lado a los actores de reparto. *Superman y sus diez aliados* no suena tan bien como *Superman*. Llevamos siglos contando historias como esas. El mismo Benjamin Franklin «construyó con arte su *Autobiografía* en forma de deslumbrantes lecciones sobre cómo hacerse a sí mismo».[3] Los estadounidenses amamos especialmente las historias de hombres que se hacen a sí mismos porque somos un país que siempre ha celebrado el ideal de un John Wayne que defiende su áspero individualismo a punta de pistola.

Pero estas narraciones tan cuidadas tienden a ser engañosas. En la realidad, las redes de contactos y las relaciones de Franklin fueron una gran parte de su vida, y desempeñaron un papel determinante en su éxito. En efecto, si estudiamos la vida de cualquier persona destacada, encontraremos que el personaje principal se mueve dentro del apoyo de una red. Por más tentador que sea creer que somos los únicos héroes de nuestras historias, nos hallamos en un entramado de ciudades, empresas, fraternidades, familias y sociedades; redes de personas que nos forman, nos ayudan y, es cierto, a veces nos lastiman. Es imposible disociar un individuo del entorno en el que se encuentra inmerso. Ninguna historia de logros debería ser aislada de su contexto social más amplio.

El modelo del hombre que se hace a sí mismo quizá sea un mito, pero la idea de que en un equipo no existe el individuo también es errónea. Existe un «yo» en el «nosotros». Un equipo está conformado por individuos con diferentes puntos fuertes y habilidades. Michael Jordan necesitaba a su equipo, pero nadie negaría que él era más decisivo en el éxito de los Chicago Bulls que el resto de sus compañeros. De la misma manera, una sola manzana podrida en un equipo de primer nivel puede arruinarlo todo. Los estudios muestran que un equipo en el mundo de los negocios tiende a funcionar al nivel del peor de sus integrantes.[4] Tu talento individual y tu trabajo duro quizá no sean suficientes para garantizar el éxito, pero son absolutamente necesarios.

La versión matizada de la historia del éxito es que tanto el individuo como el equipo son importantes. «Yo» contra «nosotros» es una falsa disyuntiva. Se trata de ambos. El éxito de tu carrera depende tanto de tus capacidades individuales como de las capacidades de tu red para acrecentarlas. Piénsalo como Yo^{Nos}. El poder de un individuo se multiplica exponencialmente con la ayuda de un equipo (una red). Pero, de la misma manera que cero elevado a la centésima potencia sigue siendo cero, no hay equipo sin el individuo.

El título de este libro es *El mejor negocio eres tú*, y en verdad «tú» es a la vez singular y plural.[5]

EL CONTEXTO ES IMPORTANTE: CONSTRUIR RELACIONES EN LA VIDA PROFESIONAL

El término «relaciones» puede significar muchas cosas. Puede referirse a algo cercano o distante, aplicarse a un único proyecto o implicar el largo plazo, ser afectivamente cercanas o estrictamente profesionales. En las relaciones hay jefes, colegas y subordinados.

Hay amigos, vecinos, miembros de la familia y viejos conocidos. Hay personas con las que uno se relaciona por amor, por amistad, por respeto o por necesidad. Hay personas con las que se trabaja sobre la base de un contrato detallado que especifica legalmente roles y responsabilidades, y personas con las que se trabaja sin que haya nada escrito. La universalidad del término *relaciones* tiene sentido: la esencia de cómo se relacionan los seres humanos entre sí trasciende las diferencias circunstanciales.

Dicho esto, existen diferencias clave en el modo en que las relaciones se despliegan en función del contexto. Hay personas a las que uno conoce exclusivamente en un contexto personal: esto incluye a los amigos personales y la familia. Hay personas a las que se llama un sábado por la noche, pero no en una ajetreada mañana de lunes en el trabajo. Se trata de los amigos de infancia, del instituto o de la universidad, que quizá sean importantes para uno, pero que no se encuentran en una trayectoria profesional ni remotamente similar a la propia. Son personas con quienes quizá importa compartir temas espirituales o valores esenciales. En internet, uno se relaciona con esos amigos y familiares en Facebook. Comparte fotos de la fiesta de la noche anterior, juega al CityVille o al póquer. Quizá la foto de perfil en Facebook sea atrevida, y para esos amigos es importante si uno es soltero o si está en una relación.

Luego están las personas a quienes se conoce en un ámbito estrictamente profesional: aquí se incluyen colegas, conocidos del sector, clientes, aliados, consejeros de negocios y proveedores de servicios, como nuestro gestor o abogado. Con estas personas uno se comunica desde el correo electrónico del trabajo, y no desde la cuenta personal de Gmail o Yahoo. Nos unen objetivos e intereses profesionales comunes. En internet, es a través de LinkedIn que uno se conecta con estos colegas de confianza y conocidos valiosos, para recomendar trabajos, colaborar en proyectos profesionales y solicitar consejos. En ese espacio se comparte información detallada sobre nuestras aptitudes y experiencia profesional. La fotografía del perfil es profesional, y a nadie le importa si uno está o no en una relación. La mayoría de las personas tiene un pequeño círculo de amigos cercanos, pero mantiene un gran círculo de estos conocidos valiosos y colegas.

Por lo general, las personas que uno conoce se dividen entre los ámbitos personal y profesional. La razón de esto son la costumbre y las expectativas. Resulta incómodo cuando un compañero de trabajo confiesa una infidelidad alrededor del dispensador de agua (como en la escena del show televisivo *The Office*). Y seguramente nuestra idea de un fin de semana divertido no incluya jugar en un arenero con los hijos de nuestros colegas. La razón más importante por la cual el espacio profesional y el personal están separados tiene que ver con los conflictos de lealtad. Por ejemplo, supón que un colega de trabajo al que consideras tu amigo personal está arruinando un proyecto importante. Si no hablas con él, estarás perjudicando a todo el equipo y a tu empresa en general, y a la vez minando el proyecto y tu reputación. Si hablas con él, quizá tu amigo se ofenda. O si no, imagina que un amigo personal te pide que seas su referencia en una solicitud para un trabajo de prestigio, pero tú no consideras que él esté totalmente calificado. Esto puede dañar la amistad. Por estas razones, puede ser engañoso recurrir a los amigos personales para que te ayuden en tu carrera, ya que les estás pidiendo que confronten dos lealtades diferentes: sus deberes como profesionales y sus deberes como amigos.

Ahora bien, es bueno ser amigo de alguien con quien se trabaja. Es más divertido: puedes invitar a tu colega a tu casamiento, o ir a una cata de vinos con tu jefe y trabajar con él el fin de semana. Puedes relacionarte con personas en LinkedIn y Facebook a la vez. Pero incluso en estos casos, existen límites al desarrollo de esa relación de amistad: el contexto seguirá determinando tu comportamiento y tus expectativas. Uno dice y hace cosas diferentes en un bar el sábado por la noche y un miércoles por la tarde en la oficina, incluso si se encuentra frente a los mismos amigos.

Este capítulo está centrado en las relaciones que hacen de ti un negocio más competitivo en un contexto profesional. En otras palabras, se trata de relaciones profesionales y de aquellas amistades personales que también funcionan en un contexto profesional.

Construye verdaderas relaciones

Muchas personas rechazan la idea de establecer contactos. Consideran que es una actitud falsa y carente de autenticidad. Sorprendente... Imagina a un consumado constructor de contactos: alguien que habla rápido, lleno de energía, que acumula todas las tarjetas de visita que puede, acude a encuentros profesionales durante las noches y lleva el pelo engominado. O el muchacho excesivamente ambicioso de tu clase de la universidad que no deja de enviar correos electrónicos a todos, recorre los cócteles junto al consejo de administración para cotillear y añade como amigo en las redes sociales a todo aquel que se le cruza. Este tipo de personas se exceden bebiendo del néctar de los contactos, y están probablemente condenados a una horrible resaca social y profesional. Afortunadamente, construir y reforzar tu red de contactos no tiene por qué ser así.

Los «relacionistas» clásicos son transaccionales: establecen sus relaciones pensando solo en lo que los demás pueden hacer por ellos, y únicamente entran en relación con los demás cuando necesitan algo, como por ejemplo trabajo o nuevos clientes. Los constructores de relaciones, en cambio, intentan antes que todo ayudar a los demás, y no llevan la cuenta de sus favores. Son conscientes de que las buenas acciones son correspondidas, pero no especulan con ello. Y piensan en sus relaciones todo el tiempo, no solo cuando necesitan algo.

Los relacionistas consideran importante tener una agenda de contactos lo más grande posible. Este énfasis en la cantidad implica que, quizá sin notarlo, construyen relaciones generalmente débiles. Los constructores de relaciones priorizan las relaciones de calidad antes que la cantidad de contactos. Los relacionistas se concentran en establecer tácticas para conocer nuevas personas. Piensan en cómo destacarse en un cóctel o cómo abordar a puerta fría a alguien en su campo profesional. Los constructores de relaciones, en cambio, comienzan por comprender cómo sus relaciones existentes constituyen una red social, y contactan a nuevas personas a través de las que ya conocen.

La construcción de verdaderas relaciones en el mundo profesional es como salir con alguien. Cuando decides si construir o no una relación profesional con una persona, debes considerar varias cosas: si te agrada o no; la capacidad de esta para ayudarte a reforzar tus activos o a posicionarte competitivamente, y la tuya para hacer lo mismo en sentido inverso; y si esta persona es adaptable y puede ayudarte a adaptar tu plan de carrera de ser necesario. Y también, como sucede cuando sales con alguien, debes mantener siempre una perspectiva a largo plazo.

Ten empatía y comienza por ayudar

Construir una verdadera relación con otra persona depende, al menos, de dos cosas. La primera es poder ver el mundo desde la perspectiva del otro: nadie comprende mejor esto que un emprendedor hábil. Los empresarios triunfan cuando crean cosas por las que los demás están dispuestos a pagar, lo que implica entender lo que sucede dentro de la cabeza de los consumidores. Descubrir lo que quiere la gente, en palabras del inversor en nuevas empresas Paul Graham, «se enfrenta al problema más difícil de la experiencia humana: cómo ver las cosas desde el punto de vista del otro en lugar de pensar solo en el propio».[6] De la misma manera, en los contactos solo comenzarás a construir una relación honesta cuando verdaderamente te pongas en los zapatos de la otra persona. No es algo fácil. Si bien los empresarios tienen maneras de medir cuánto comprenden a sus clientes en función del incremento o el descenso de sus ventas, en la vida social cotidiana no existe una retroalimentación inmediata semejante. Lo que hace aún más difícil este desafío es que la forma en la que percibimos y procesamos el mundo exterior nos hace sentir que todo gira a nuestro alrededor. El difunto escritor David Foster Wallace supo señalar esta verdad: «No existe una experiencia que tú hayas vivido en la que tú no fueras el centro. El mundo tal y como lo vives está frente a *ti*, detrás de *ti*, a la izquierda o la derecha de *ti*, en *tu* televisor o en la pantalla de *tu* ordenador».[7]

La segunda es pensar en cómo puedes ayudar y colaborar con la otra persona, en lugar de pensar en qué puedes obtener de ella. Cuando entras en contacto con una persona exitosa, es normal que de inmediato pienses: «¿Qué puede hacer por mí?». Si tuvieras, por ejemplo, la posibilidad de conocer a Tony Blair, nadie podría culparte por pensar en cómo conseguir una foto junto a él. Si tuvieras que compartir un taxi con una persona especialmente rica, es normal que pienses en convencerla para donar o invertir en una de tus causas. No te estamos sugiriendo que seas tan santo que nunca se cruce por tu mente un pensamiento egoísta. Lo que decimos es que debes dejar de lado esas ideas fáciles y en su lugar pensar en cómo puedes ayudar primero (solo después piensa en qué ayuda puedes solicitar a cambio). Un estudio sobre negociación descubrió que la diferencia fundamental entre los negociadores hábiles y los mediocres era el tiempo que pasaban buscando intereses comunes, haciendo preguntas a la otra persona y sentando las bases de un terreno común. Los negociadores eficaces pasan más tiempo haciendo esto, pensando en la forma en que la otra persona puede obtener beneficios, en lugar de intentar conducir una dura negociación basándose en los propios intereses.[8] Haz lo mismo: comienza por un gesto amigable y honesto hacia la otra persona (más adelante en este capítulo te mostraremos exactamente cómo ayudar).

El clásico libro de Dale Carnegie sobre las relaciones se llama, a pesar de toda la sabiduría que contiene, *Cómo ganar amigos e influir a las personas*. Esto ha provocado que Carnegie sea largamente incomprendido. Un amigo no se «gana». Un amigo no es un activo que poseer, es una relación compartida. Un amigo es un aliado, un colaborador. Piensa en un baile de salón. Tú no controlas los pies de la otra persona. Tu tarea es moverte al unísono, a lo sumo guiar o seguir con fluidez. Existe un profundo sentido de lo compartido. Intentar ganar o adquirir amigos como si fuesen objetos perjudica totalmente cualquier esfuerzo.

Ahora bien, no muchos reconocerán la acusación de intentar «adquirir» relaciones de esta forma. Sin embargo, sus acciones y comportamientos indican lo contrario, y sus relaciones sufren como resultado de ello. Algunas veces, dan una mala impresión al intentar con demasiada intensidad parecer honestos y solidarios. Cuando se nota que alguien intenta ser sincero no resulta agradable. Es como lo que se siente cuando alguien te repite tu nombre todo el tiempo en una conversación y tú notas que ha estado leyendo a Carnegie. O cuando lees libros sobre construcción de redes que insisten demasiado en ser auténticos, pero que en el proceso hacen que la construcción de redes parezca un juego que responde solamente a ambiciones individuales. El novelista Jonathan Franzen da en el clavo cuando señala que las personas falsas están obsesionadas con la autenticidad. A menos que el proceso de vincularte y aliarte con los demás sea tan natural como atarte los zapatos, es decir, a menos que generar alianzas y ayudar a otros sea lo que de verdad tú quieres hacer, la predisposición mental a colaborar fracasará, y en consecuencia también lo hará la relación.

En síntesis, al conocer nuevos amigos y nuevas personas, deja de hacerte la pregunta consabida «¿Qué puede hacer por mí?», y pregunta en cambio «¿Qué podemos hacer por nosotros?». Todo lo demás vendrá solo.

El factor diversión

No es la vileza de la construcción de redes lo que aleja a algunas personas del tema, sino la presunción de que establecer relaciones en un contexto profesional es como limpiarse con hilo dental: te han dicho que es importante, pero no es divertido. Cuando ves la construcción de relaciones como una tarea, es probable que sigas la corriente, que seas transaccional y que obtengas como resultado relaciones falsas. Esto te convertirá en alguien más cínico, lo que conduce a todavía más falsedad. Es un círculo vicioso. Pero no tiene por qué ser así.

Piensa en algunos de tus recuerdos más felices. ¿Estabas solo, o rodeado de tus amigos y tu familia? Piensa en algunas de tus experiencias más innovadoras y estimulantes. ¿Estabas solo o acompañado? Construir relaciones debería ser divertido. Eso es lo que nosotros creemos. Ben y yo amamos la complejidad de las interacciones humanas. Nos excita la perspectiva de trabajar con otras personas: incrementa el sentido de lo posible y expande el espacio en el que reflexionamos. (De hecho, es la razón por la que este libro es el resultado de una colaboración.) No te estamos sugiriendo que te conviertas en un extrovertido o en el alma de las fiestas. Solo creemos que es posible apreciar el misterio de las experiencias de vida de otra persona. Construir relaciones es muy excitante si lo concibes como la delicada misión de entender al otro y a la vez permitirle que te entienda a ti.

La estructura y la fuerza de tu red actual

Este capítulo no trata de cómo hacerse un lugar o de qué pasos seguir tras obtener la tarjeta de visita de alguien. No vamos a decirte cómo llamar a puerta fría. La razón de esto es que la mejor manera de conocer nuevas personas es a través de las personas que ya conoces. Según la Encuesta Nacional sobre Salud y Vida Social, el 70 por ciento de los norteamericanos encuentran a su pareja a través de un conocido, mientras que solo un 30 por ciento lo consiguen por ellos mismos.[9] En un contexto profesional, creemos que los números son todavía más dominantes a favor de las conexiones ya existentes.

Entonces, si deseas construir una red de contactos sólida que te ayude a avanzar en tu carrera, es imprescindible partir de las conexiones que ya posees, y no solo porque tus contactos actuales te presentarán nuevas personas. Tu red de contactos está ejerciendo una influencia sobre ti, está cambiando tu forma de hablar y de actuar, y está abriendo y cerrando ciertas puertas profesionales, a veces incluso sin que tú lo sepas.

Existen varios tipos de relaciones en un contexto personal y profesional, desde amigos íntimos y familiares hasta relaciones formales con colegas de trabajo y conexiones de mediana o gran confianza. Cada tipo de relación es diferente. Nos centraremos en dos tipos de relaciones importantes en el contexto profesional.

La primera son los aliados profesionales. ¿Quién estará de tu lado en un conflicto, o cuando te encuentres bajo presión? ¿A quién invitarías a una cena para reflexionar sobre las posibilidades de tu carrera? ¿En quién confías y con quién intentarías trabajar de forma proactiva si pudieras? ¿A quién solicitas su opinión en proyectos clave? ¿Con quién revisas tus objetivos y tus planes de vida? Estos son tus aliados. Muchas personas pueden mantener al menos ocho a diez alianzas profesionales fuertes en cualquier momento de su vida.

El segundo tipo de relación a la que nos referiremos son los lazos débiles y los conocidos. ¿Con quién te llevas bien pero no tienes una amistad estrecha? ¿Con quién te escribes ocasionalmente? ¿A quién puedes pedirle un favor profesional no muy importante? ¿Puedes recordar una conversación con esta persona de unos años atrás? Es muy variada la cantidad de lazos de este tipo que pueden mantenerse: pueden ser unos cientos o unos miles, dependiendo de tu personalidad, de tu ámbito de trabajo y de la naturaleza de tus relaciones.

LOS ALIADOS PROFESIONALES

En 1978, Mary Sue Milliken se graduó con 20 años en la escuela de gastronomía de Chicago. A pesar de no poseer experiencia en el mundo laboral, estaba decidida a conseguir un trabajo en el mejor restaurante de la ciudad: el legendario Le Perroquet. Tras un par de semanas de moverse intensamente, fue contratada para pelar cebollas a tiempo completo. Más o menos al mismo tiempo, Susan Feniger también se graduó en una escuela de gastronomía, y sus objetivos eran igual de ambiciosos. Se mudó de Nueva York a Chicago, y unos meses más tarde estaba limpiando vegetales y cociendo brócolis en la cocina de Le Perroquet. Eran las únicas mujeres en la cocina. También eran quizá las más apasionadas de la comida: cada mañana se presentaban dos horas y media antes de que comenzase su ya de por sí largo y exigente servicio. Se hicieron amigas, pero luego de un año cada una buscaba nuevos desafíos profesionales, y sus caminos se separaron. Feniger partió a Los Ángeles para trabajar en el primer restaurante en Estados Unidos del conocido chef austríaco Wolfgang Puck. Milliken se quedó en Chicago e intentó abrir su propio bar. Cuando el bar no funcionó, Milliken decidió mejorar su curriculum sumando nuevas experiencias de trabajo en Francia. Aunque llevaban un tiempo sin hablar, decidió llamar a Feniger para saludarla y contarle que pronto cruzaría el Atlántico. La respuesta de Feniger fue toda una sorpresa: estaba a punto de hacer lo mismo. Por casualidad, ambas comenzarían sus trabajos en Francia la semana siguiente.

En sus almuerzos en los bistrós franceses y sus viajes de fin de semana a pequeños pueblos de Francia, Milliken y Feniger volvieron a conectar y la relación se fortaleció tanto a nivel personal como profesional. Ambas soñaban con algún día no tener que trabajar para nadie y quizá abrir su propio restaurante. Cuando la estadía en Francia terminó, se despidieron y se prometieron que algún día trabajarían juntas. Pero todavía faltaba para que eso sucediera. Milliker regresó a Chicago y Feniger a Los Ángeles a trabajar en diferentes restaurantes.

Durante los meses siguientes, Feniger no permitió que ninguna de las dos olvidase su pacto, y finalmente invitó a Milliken a mudarse a Los Ángeles para cumplir con el sueño de ambas. Milliken terminó por acceder, y juntas lanzaron su primer proyecto: City Café, un agradable bar en la zona este de la ciudad. Las dos se ocupaban de la cocina, junto a un lavaplatos-asistente-ayudante de camarero. Debido al reducido espacio del lugar, instalaron la parrilla en el aparcamiento detrás del restaurante. Era algo improvisado, pero para el tercer año ya se formaban colas de clientes hambrientos en la puerta del local. El siguiente restaurante fue más grande y mejor. Lo llamaron Ciudad, y se especializaron en cocina latinoamericana. Las críticas fueron excelentes. Los medios de comunicación comenzaron a interesarse por aquel dúo carismático y conversador. La historia de su alianza de varios años y de su ascenso desde las cocinas hasta ser propietarias de restaurantes era atractiva, y la popularidad de sus locales de Los Ángeles (y Las Vegas) hablaba por sí misma. Un canal de televisión dedicado a la gastronomía les ofreció un programa propio, que llamaron *Tamales demasiado calientes*. Tres décadas después de encontrarse en aquella primera cocina limpiando platos y verduras, Milliken y Feniger se habían consolidado como referentes de la cocina latinoamericana en Estados Unidos.

Al reflexionar sobre el porqué del éxito de su alianza, Milliken señala la complementariedad de sus puntos fuertes y sus intereses: «Desde el primer momento en que entramos juntas a una cocina, gravitamos en lugares distintos. [Feniger] ama el caos, cuando todo es desorden, los camareros gritan, los cocineros no saben qué hacer y todo el mundo se siente al borde de la catástrofe. Es en esos momentos cuando es más feliz, en medio de todo aquello. Yo, por mi parte, me obsesiono con la precisión, con la planificación y con evitar esas situaciones».

Hoy en día su alianza sigue evolucionando. Feniger acaba de lanzar su primer restaurante en solitario, sin Milliken. En cierto sentido, esto hace del restaurante de Feniger un competidor de sus proyectos en conjunto. Pero ambas insisten en que son aliadas. Y así es. Dado que los aliados por lo general se desenvuelven en el mismo espacio, a veces terminan compitiendo entre sí. «Aliado competitivo» puede parecer un oxímoron, pero una alianza es más sólida cuando se puede atravesar una ocasional situación complicada manteniendo intacto el respeto mutuo.[10]

¿Cuáles son las características generales que hacen de su relación una alianza y que definen las tuyas? Primero, un aliado es alguien a quien se consulta frecuentemente en busca de consejo. Uno confía en su juicio. Segundo, se comparten oportunidades y se colabora de forma *proactiva*. Uno se mantiene especialmente alerta a los intereses de un aliado, y cuando tiene sentido emprender algo juntos, lo hace. Tercero, uno habla de su aliado con otras personas y promueve su marca. Cuando un aliado entra en conflicto, uno se pone de su lado y defiende su reputación, y este hace lo mismo por uno cuando las cosas se ponen difíciles. No existe una alianza solo para los buenos tiempos; si la relación no puede sostenerse en momentos de tensión, no es una alianza. Finalmente, el lazo que une a ambos es explícito: «¿Somos aliados, cierto? ¿Cómo podemos ayudarnos mutuamente?».

Ron Howard y Brian Glazer, productores de primer nivel y directores en Hollywood, comparten una alianza y una sociedad legendarias. La esencia de esa alianza fue bien resumida por Howard: «En un negocio tan loco, saber que hay alguien verdaderamente inteligente, que te importa, con quien compartes intereses y que avanza en tu misma dirección, es algo de un valor incalculable». Eso es un aliado.

Conocí a Mark Pincus en 2002 cuando estaba en PayPal, donde mi experiencia fue relevante a la hora de darle algunos consejos para una nueva empresa que estaba proyectando. Ya en nuestra primera conversación, me sentí atraído por la creatividad desbocada de Mark y por cómo, por momentos, parecía a punto de trepar por las paredes, lleno de energía. En comparación, yo soy mucho más tranquilo, y prefiero encuadrar mis ideas en marcos estratégicos antes que dejarlas correr en libertad. Nuestros diferentes estilos generaron una conversación muy divertida, pero fueron nuestros intereses y visiones similares los que hicieron que nuestra colaboración fuese tan exitosa. Invertimos juntos en Friendster en 2002, en los inicios de las redes sociales. En 2003 compramos la patente de Six Degrees, que abarca la tecnología fundacional de las redes sociales. Mark fundó entonces su propia red social, Tribe, y yo comencé con LinkedIn. Cuando en 2004 Peter Thiel y yo estábamos listos para invertir en el naciente Facebook, propuse que Mark se hiciese con la mitad de mi parte. Yo deseaba que Mark estuviese implicado en cualquier oportunidad que pareciera interesante, sobre todo si iba en la dirección de su experiencia en redes sociales. Es lo que se hace en una alianza. En 2007, Mark me llamó para comentarme su idea de Zynga, la empresa de juegos para redes sociales que cofundó y que hoy en día preside. Supe de inmediato que quería invertir en ella e integrar el consejo, cosa que efectivamente hice. Ambos creíamos que tanto Facebook como Zynga llegarían a ser compañías poderosas, pero ninguno hubiera podido predecir tales niveles de éxito. Con un aliado no se llevan cuentas, solo se intenta fortalecer la alianza lo más posible. ¿En qué se sostiene nuestra colaboración? A ambos nos mueve la pasión por internet, sobre todo en el ámbito de las redes sociales. Somos complementarios, y nos llevamos bien como amigos. Nos conocemos desde hace mucho tiempo, años antes de considerarnos mutuamente como aliados. Y existe otra razón significativa, a la vez importante y sin valor alguno: ambos vivimos en San Francisco. La proximidad física es de hecho uno de los mejores medidores de la solidez de una relación, como demuestran muchos estudios.

Si bien los negocios han funcionado de maravillas para Mark y para mí, una alianza puede fortalecerse aunque no haya toneladas de dinero en juego. En los inicios de tu carrera, los aliados te ayudarán a descubrirte, a construir tu red de contactos y a planificar tu futuro. La alianza de Ben con los empresarios Ramit Sethi y Chris Yeh está cimentada en el hecho de compartir su visión del mundo. Una de las cualidades propias del siglo XXI en esta alianza es que se comunican entre sí por medio de internet. Utilizando el servicio de marcadores Delicious, Ramit, Chris y Ben siguen los artículos favoritos de los tres, los blogs y demás webs desde hace casi cinco años. Ver lo que el otro lee es como presenciar las evoluciones de su pensamiento. Tras miles de marcadores, tuits y entradas de blogs, cada uno de ellos posee una comprensión profunda de lo que sucede en la mente de los otros, día a día. Esto implica que cada llamada telefónica y cada encuentro se siente como si retomasen la conversación justo donde la dejaron unos minutos antes. No es entonces sorprendente que cuando las mentes están tan conectadas, el resultado sea un altísimo nivel de confianza, de amistad y de colaboraciones en negocios fructíferos.

Una alianza es siempre un intercambio, pero no de tipo transaccional. Una relación transaccional es cuando tu gestor te envía tus declaraciones de impuestos y a cambio tú le pagas por su tiempo. Una alianza es cuando un colega de trabajo necesita tu ayuda de último momento un domingo por la noche para una presentación el lunes por la mañana, y aunque estés ocupado, no dudas en ir hasta su casa y ayudarle.

Estas «descargas de comunicación y cooperación» crean confianza. La confianza, escribe David Brooks, es «la reciprocidad habitual que se cubre de sentimientos. Crece cuando dos personas [...] aprenden poco a poco que pueden confiar en el otro. Pronto, los miembros de una relación de confianza se sienten dispuestos no solo a cooperar entre sí, sino a sacrificarse por el otro».[11]

Tú puedes cooperar y sacrificarte porque quieres ayudar a un amigo que lo necesita, pero también porque imaginas que podrás llamarlo en el futuro cuando seas tú el que se encuentre en problemas. Esto no es ser egoísta, sino ser humano. Los animales sociales realizan buenas acciones por los demás en parte porque esas acciones les serán devueltas en algún momento. Con los aliados profesionales de confianza, la reciprocidad no es inmediata (tú no apareces al día siguiente diciendo «Oye, te ayudé con tu presentación, ahora quiero algo a cambio»). Idealmente, la noción de un intercambio se disuelve en la realidad de unos destinos entrelazados. En otras palabras, a medida que llevar las cuentas del intercambio se vuelve menos importante y que la expectativa de reciprocidad se va estirando en un período cada vez más largo de tiempo, una relación pasa de ser una sociedad de intercambio a ser una verdadera alianza.[12]

LAZOS DÉBILES Y CONOCIDOS: AMPLÍA EL ANCHO DE TU RED

Los aliados, por la naturaleza de su lazo, nunca son numerosos. Son muchos más los conocidos y los lazos débiles que también juegan un rol en tu vida profesional. Se trata de las personas que conoces en conferencias, antiguos compañeros de curso, colegas de otros departamentos o simplemente gente interesante con ideas interesantes con las que te cruzas habitualmente. Los sociólogos se refieren a estos contactos como «lazos débiles»: personas con las que compartes momentos escasos y de baja intensidad (por ejemplo, alguien a quien ves una o dos veces por año en alguna conferencia, o alguien que solo conoces a través de internet y no en persona), pero con las que te encuentras en buenos términos.

Los lazos débiles en el contexto de una carrera fueron estudiados en 1973, cuando el sociólogo Mark Granovetter preguntó a una serie de profesionales de Boston que acababan de cambiar de trabajo cómo lo habían conseguido. A aquellos que contestaron que habían encontrado su nuevo trabajo a través de un contacto, Granovetter les preguntó con qué frecuencia veían a esa persona. Pidió a los encuestados que señalasen si veían a esta persona con frecuencia (dos veces por semana), ocasionalmente (más de una vez al año pero menos de dos veces por semana) o raramente (una vez al año o menos).[13] El 16 por ciento de los encuestados afirmó haber encontrado su trabajo a través de un contacto al que veían con frecuencia. El resto lo encontraron gracias a un contacto al que veían ocasionalmente (55 por ciento) o raramente (27 por ciento). En otras palabras, los contactos que proporcionaban propuestas de trabajo eran mayoritariamente «lazos débiles».[14] El autor volcó sus conclusiones en un ensayo al que tituló con propiedad *La fuerza de los lazos débiles*: los amigos a los que no conoces tan bien son los que te remiten buenos empleos.

Granovetter justifica estos resultados explicando que los grupos sociales, es decir, los grupos de personas que tienen algo en común, por lo general limitan la posibilidad de que sus miembros tengan nuevas experiencias, oportunidades e información. Dado que las personas tienden a reunirse en grupos sociales, sus mejores amigos pertenecen por lo general a su mismo sector, barrio o grupo religioso. Mientras más fuerte es tu lazo con alguien, es más probable que seáis similares en varios aspectos, y también que quieras presentarlo a otros amigos.[15]

Desde el punto de vista afectivo, esto es genial. Es divertido hacer cosas con grupos con quienes se tiene mucho en común. Pero desde el punto de vista de la información, Granovetter afirma que esta interconexión es limitadora, dado que la información que se recicla es siempre la misma cuando circula a través de una red local de amigos con intereses similares. Si un amigo cercano sabe de alguna oportunidad de trabajo, es probable que tú ya lo sepas también. Los lazos fuertes implican por lo general una redundancia en el conocimiento, en las actividades y en los grupos mismos.

En contraste, los lazos débiles se encuentran por lo general fuera de tu círculo íntimo. No necesariamente presentarás una conexión leve a todos tus otros amigos. Así, existe una mayor posibilidad de que un lazo débil acceda a nueva información sobre una oportunidad de trabajo. Este es el eje de la argumentación de Granovetter: los lazos débiles sirven como puentes a otros mundos, y por ende pueden ofrecerte información u oportunidades de las que no habías oído hablar. Queremos recalcar que los lazos débiles en sí mismos no consiguen trabajos, sino que se encuentran con información u oportunidades laborales que tú no has visto. Los lazos débiles en sí mismos no son especialmente valiosos: lo valioso es la amplitud y el alcance de tu red de contactos.

Esta calificación ha perdido peso desde que Malcolm Gladwell promovió el estudio de Granovetter en su libro superventas *La clave del éxito*. Los lazos débiles son, sin dudas, importantes, pero solo son valiosos en tanto ofrezcan nueva información y oportunidades. No todos los lazos débiles son así. Un lazo débil que trabaja en tu mismo campo y está expuesto a las mismas personas e información no será el puente al que se refiere Granovetter. Y dado que hoy en día la información es más accesible que nunca, el puente definido por

Granovetter en los años setenta es menos importante en el presente que en aquel entonces. Si en aquel momento hubieras querido mantenerte al tanto de lo que sucedía en Brasil, tu mejor y quizá única posibilidad habría sido sostener una conexión con alguien que viviera allí o viajase con frecuencia. Ahora, por supuesto, existen miles de fuentes de información a tu disposición que ofrecen datos sobre lo que sucede en lugares lejanos. En los años setenta, si querías encontrar un trabajo en otra ciudad, un amigo de allí debía mirar la lista de ofertas de empleo en un periódico local y enviarte por correo el recorte. Hoy, todas las ofertas están en internet, y es más fácil acceder a la información que circula en otros ámbitos sociales, incluso si no cuentas con un lazo débil en ese lugar. Entonces, los lazos débiles representan una forma de conseguir una red de amplio alcance, pero cualquier relación que te una con otro espacio funcionará.[16]

Más allá de la forma en la que obtengas diversidad y amplitud para tu red de contactos, estas son especialmente importantes durante las transiciones de tu carrera. Cuando cambies a un Plan B o un Plan Z, necesitarás información sobre nuevas oportunidades. También necesitarás conocer a personas de diferentes nichos o sectores que apoyen tu cambio. Como afirma Herminia Ibarra en su libro *Estrategias poco convencionales para reinventar su carrera profesional*, a veces son los lazos fuertes los que nos conocen mejor y desean apoyarnos en una transición, pero a cambio «tienden a reforzar o incluso a intentar preservar desesperadamente las viejas identidades de las que queremos desprendernos. La diversidad y la amplitud de tu red de contactos refuerza la flexibilidad necesaria para cambiar».[17]

¿Cuántos aliados y cuántas conexiones débiles puedes tener?

Imagina que para tu cumpleaños te regalan una cámara digital con una tarjeta de memoria integrada y la llevas a un viaje de seis meses por África durante el cual no tendrás acceso a un ordenador: todas las fotos que quieras conservar deberán caber en esa única tarjeta de memoria. Al comenzar el viaje tomas fotos sin preocuparte, e incluso grabas algunos vídeos cortos. Pero después de un mes, la tarjeta de memoria comienza a llenarse. Ahora estás obligado a ser más selectivo al utilizar la capacidad de almacenamiento. Quizá tomes menos fotos. Quizá decidas reducir la calidad/resolución de las fotos para que quepan más. Quizá dejes de filmar vídeos. Sin embargo, es inevitable que termines por colmar la capacidad y te veas obligado a borrar algunas fotos para tomar nuevas. Al igual que una cámara digital no puede almacenar un número ilimitado de fotos y vídeos, tú no puedes mantener un número ilimitado de relaciones. Es por eso que, incluso si eres juicioso en tus decisiones, en algún punto alcanzarás tu límite y toda nueva relación implicará sacrificar una ya existente.

El número máximo de relaciones que podemos mantener de forma realista (la cantidad que podría entrar en tu tarjeta de memoria) es llamado el número de DuNBAr, en honor al psicólogo evolucionista Robin DuNBAr. Pero quizá no tenga por qué ser así. A principios de los años noventa, DuNBAr estudió las conexiones sociales entre grupos de monos y simios. Postuló que la talla máxima de su grupo social promedio estaba limitada por el tamaño reducido de su neocórtex. Se necesita capacidad cerebral para relacionarse con otros animales, de lo que se infiere que mientras más pequeño sea el cerebro del primate, menos eficiente será este en la socialización y podrá relacionarse con menos primates. DuNBAr infirió entonces que, puesto que los humanos poseen un neocórtex especialmente grande, deberían ser capaces de relacionarse de forma más eficiente con un número mayor de otros seres humanos. Basándose en el tamaño de nuestro neocórtex, calculó que los humanos deberían ser capaces de mantener relaciones con unas 150 personas a la vez. Para cotejar su teoría, analizó estudios antropológicos de campo y otras informaciones de poblados y tribus de cazadores-recolectores, y encontró que el número de habitantes de esas tribus tendía a ser de 150 personas. Al observar las sociedades modernas, también notó que muchos grupos de negocios y grupos militares tendían a organizarse en espacios de 150 personas, es decir, el número de DuNBAr.[18]

Pero la investigación de DuNBAr no se refiere exactamente al número de personas que uno puede conocer. Su estudio se concentraba en cuántos primates no humanos (y humanos, pero solo por extrapolación) podían sobrevivir juntos en una tribu. Por supuesto, los límites de un grupo y el número de personas que puedes conocer son conceptos íntimamente relacionados, sobre todo si consideras que todos los que participan de tu vida pertenecen a tu mismo grupo. Sin embargo, la mayoría de nosotros definimos nuestro grupo social de manera más amplia que la que le atribuye DuNBAr en su investigación. La supervivencia en el mundo moderno no depende de un contacto directo y cara a cara con todos los que forman parte de nuestra red social o grupo, como sí era el caso de las tribus que estudió.

Más allá de cómo se analice la investigación de DuNBAr, de lo que no caben dudas es que existe un número limitado de relaciones que se pueden mantener, aunque solo sea por el simple hecho de que un día solo tiene veinticuatro horas. Pero, contrariamente a la interpretación común del número de DuNBAr, no hay un límite definido. Los límites son diferentes dependiendo de cada tipo de relación. Volvamos a la cámara digital. Puedes tomar fotos de baja resolución y almacenar un total de 100 imágenes, o tomarlas en alta resolución y almacenar 40. En las relaciones, mientras solo puedes tener unos pocos amigos cercanos a los que ves cada día, puedes mantenerte en contacto con muchos amigos lejanos escribiéndoles algún correo electrónico una o dos veces al año.

Pero hay un truco: mientras que el número de aliados y de lazos débiles que puedes conservar es limitado, no se trata de tus únicas conexiones. De hecho, puedes mantener una red social mucho más amplia que exceda la capacidad de tu tarjeta de memoria. Solo aprovechando de manera inteligente esta red extendida puedes experimentar en su totalidad el poder del Yo^{Nos}.

Tu RED SOCIAL EXTENDIDA: LOS CONTACTOS DE SEGUNDO Y TERCER GRADO

Tus aliados, tus lazos débiles y las otras personas que conoces en el presente son tus contactos de primer grado. Como afirma DuNBAr, existe un número limitado de contactos de primer grado que puedes mantener a la vez. Pero tus amigos conocen gente que tú no. Estos amigos de amigos son tus contactos de segundo grado. Y a su vez, esos amigos de amigos tienen sus propios amigos: se trata de tus contactos de tercer grado.

Los teóricos de las redes sociales utilizan la terminología de los grados de separación para referirse a los individuos que pertenecen a tu red social. Una red es un sistema de cosas interconectadas, como los aeropuertos o internet (una red de ordenadores y servidores). Una red social es un grupo de personas y las conexiones que los unen. Todos aquellos con los que interactúas en un contexto profesional constituyen tu red social profesional.

Tu red es más grande y más poderosa de lo que crees

Piensa en todas las veces que te has encontrado con alguien y has descubierto que conocéis personas en común. El empleado de la tienda de informática de al lado una vez hizo una excursión a la montaña con tu cuñado. Tu nueva novia forma parte de la misma liga de bowling que tu jefe. «¡Qué pequeño es el mundo!», solemos decir ante tales revelaciones. Es muy divertido descubrir esas conexiones inesperadas. Una calle transitada puede parecer llena de personas extrañas, por lo que en cuanto vemos una cara conocida lo notamos en seguida.

¿Pero es el mundo realmente tan pequeño? El psicólogo Stanley Milgram y el estudiante Jeffrey Travers descubrieron que sí. De hecho, es más pequeño y está más interconectado de lo que podría sugerir el ocasional descubrimiento de tener conocidos en común con alguien más.[19] En 1967 llevaron a cabo un famoso estudio en el que pidieron a dos centenares de personas en Nebraska que enviasen una carta a alguien que conocieran personalmente y que a su vez pudiera hacerla llegar a un corredor de bolsa específico en Massachusetts. Travers y Milgram estudiaron cuánto tiempo tomaba a la carta pasar de mano en mano hasta llegar a su destino. En promedio, tuvo que pasar por seis etapas antes de llegar a manos del corredor de bolsa en Massachusetts. En otras palabras, el remitente original de Nebraska se encontraba a seis grados de separación del destinatario de Massachusetts. Este estudio dio nacimiento a la teoría de los seis grados de separación, y a la idea plausible de que compartes conocidos comunes con personas completamente extrañas al otro lado del planeta.

Inspirado por los descubrimientos de Milgram, el sociólogo Duncan Watts realizó en el año 2001 un estudio más riguroso a escala global.[20] Para ello, reclutó a 18 destinatarios en 13 países. Desde un inspector de archivos en Estonia a un policía en el oeste australiano, pasando por un profesor de Nueva York, los destinatarios fueron elegidos para ser lo más diferentes posible. Después, convocó a más de 60.000 personas en todo Estados Unidos a participar del estudio. Debían enviar un correo electrónico a uno de los 18 destinatarios, o a un amigo que pudiera conocer a uno de ellos. Tomando en cuenta los correos electrónicos que nunca llegaron a destino, Watts descubrió que Milgram estaba en lo cierto: la distancia mediana que separaba a un participante de un destinatario se encontraba a entre cinco y siete grados de separación.

El mundo es pequeño, después de todo. Y es pequeño porque está muy interconectado.

Los estudios de Milgram y Watts muestran al planeta Tierra como una red social gigantesca, con cada ser humano conectado entre sí a través de no más de seis personas intermedias en promedio. Es fantástico pensar en que estás conectado con miles de millones de personas a través de tus amigos, y las implicaciones prácticas de esto para ese gran negocio que eres tú también son significativas. Imagina que quieres convertirte en médico y deseas conocer a un profesional de primer nivel en el área de tu interés. Has oído decir que la única forma de conocerlo es mediante una presentación. La buena noticia es que sabes que te encuentras como máximo a seis grados de separación. La mala es que seguir el procedimiento de Milgram o Watts (pedir a un buen amigo que envíe un correo electrónico y esperar a que ese correo llegue al ordenador de esa persona) no es ni eficiente ni confiable. Incluso si llega, la presentación se habrá diluido bastante. Presentarte como el amigo de un amigo de un amigo de un amigo de un amigo de un amigo no tiene el suficiente peso como para abrirte puertas.

Pero si existiera un mapa general de toda la red social humana, podrías encontrar el camino más corto entre tú y el profesional que deseas contactar. Pues bien, ese mapa existe. Las redes sociales de internet están convirtiendo la idea abstracta de la interconexión mundial en algo tangible y rastreable. Entre los aproximadamente 1.000 millones de profesionales del mundo, más de 100 millones poseen un perfil en LinkedIn, y dos nuevos miembros se registran cada segundo. Entonces, puedes buscar dentro de esta red para encontrar las conexiones y los amigos de tus contactos que puedan presentarte al profesional en mente con la menor cantidad posible de presentaciones. No necesitas enviar correos electrónicos al azar esperando que lleguen a destino tras seis etapas. Por ejemplo, esta captura de pantalla de LinkedIn muestra los pasos intermedios entre un usuario y la doctora Sarah Pendrell.

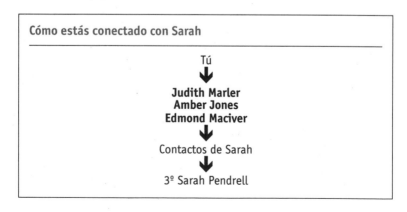

Cómo estás conectado con Sarah

Tú
↓
Judith Marler
Amber Jones
Edmond Maciver
↓
Contactos de Sarah
↓
3º Sarah Pendrell

Aquí es donde entra en juego la salvedad de la teoría de los seis grados de separación. Académicamente la teoría es correcta, pero cuando se trata de conocer gente que puede ayudarte profesionalmente, lo que importa son los tres grados de separación. Tres grados es el número mágico porque cuando eres presentado a un contacto de segundo o tercer grado, al menos una persona en la cadena de presentaciones conoce personalmente a la persona de origen o a la de destino. En este ejemplo: Tú –> Karen –> Jane –> Sarah. Karen y Jane están en el medio, y ambas te conocen o a ti o a Sarah (las dos personas que intentan conectarse). Es así como se preserva la confianza. Si se añadiera un grado más de separación, una persona en el medio de la cadena no te conocería ni a ti ni a Sarah, y por ende no tendría ningún interés especial en que la presentación sea la adecuada. Después de todo, ¿por qué una persona se molestaría en presentar un completo desconocido (incluso si el desconocido es amigo de un amigo de un amigo) a otro completo desconocido?

Entonces, la red extendida disponible profesionalmente no contiene a los 7.000 millones de seres humanos del planeta que se encuentran a seis grados de separación. Pero sí contiene a todas las personas que se encuentran a dos o tres grados de separación, porque son personas a las que puedes acceder siendo presentado. Es un grupo muy amplio. Imagina que tienes 40 amigos, y asumamos que cada uno de ellos tiene a su vez 35 amigos, que a su turno tienen 45 amigos. Si haces las cuentas (40 x 35 x 45), descubrirás que existen 54.000 personas a las que puedes acceder mediante una presentación.

Es cierto, algunos de tus amigos se conocerán entre sí, por lo que teniendo en cuenta las redundancias, el número final es algo más pequeño. Si observas las «Estadísticas de red» de un usuario de LinkedIn, encontrarás el tamaño de su red profesional hasta un tercer grado, tomando en cuenta las redundancias, y podrás comprobar que es un número bastante grande (véase cuadro en la página siguiente).

Estás en el centro de tu red. Tus contactos pueden presentarte a más de 2.225.400 profesionales. Así es como se desglosa tu red:

	Tus contactos Amigos de confianza y colegas	**170**
	Dos grados de separación Amigos de amigos: cada uno conectado con uno de tus contactos	**26.200+**
	Tres grados de separación Accede a estos contactos a través de un amigo y uno de sus amigos	**2.199.100+**
	Total de usuarios a los que puedes acceder a través de una presentación	**2.225.400+**

Alguien con 170 contactos en LinkedIn se encuentra en el centro de una red profesional de más de dos millones de personas. Ahora sabes por qué una de las primeras consignas de marketing de LinkedIn era: TU RED ES MÁS GRANDE DE LO QUE CREES. ¡Y lo es!

Y también es más poderosa de lo que podrías pensar. Frank Hannigan, un emprendedor de software en Irlanda, consiguió recaudar en ocho días más de 200.000 dólares para fundar su empresa, presentando su propuesta de negocio a sus 700 contactos de primer grado de LinkedIn. El 70 por ciento de sus inversores se encontraban entre sus contactos de primer grado, y el 30 por ciento restante eran contactos de segundo grado, es decir, amigos de sus contactos que reenviaron el mensaje inicial y aseguraron una presentación. Este es el poder de una red extendida.

Accede a tus contactos de segundo y tercer grado
mediante presentaciones

Ahora que has encontrado el mejor camino para llegar al médico de primer nivel, o a aquel inversor ideal, o al gerente de recursos humanos con el trabajo perfecto, o a cualquiera que pueda abrirte nuevas puertas… ¿Cómo consigues acceder a esos contactos de segundo o tercer grado?[21] La mejor (y a veces la única) manera: siendo presentado por alguien a quien conoces y que a su vez conoce a la persona a la que quieres acceder. Cuando accedes a alguien por intermedio de la presentación de un amigo en común, es como tener un pasaporte al día en la frontera: puedes pasar sin problemas. La interacción está automáticamente dotada de confianza.

Recibo unas cincuenta propuestas de empresarios en mi correo electrónico cada día. Nunca he iniciado un negocio tras una solicitud a puerta fría, y supongo que nunca lo haré. Cuando un empresario llega hasta mí presentado por alguien, significa que una persona de mi confianza lo ha investigado previamente. Trabajar dentro de mi red extendida de confianza me permite moverme con rapidez al pasar las diferentes propuestas por el tamiz.

Cuando quieras conocer a alguien de tu red extendida, solicita ser presentado. Las personas saben que deben hacerlo, pero la mayoría no lo hace. Es más fácil un contacto a puerta fría. Pedir un favor a un amigo puede ser incómodo. Efectivamente, el hecho de conocer a alguien no significa que este deba presentarte a uno de sus amigos. Pero aún así, necesitas pedirlo de forma directa y específica, y necesitas también ofrecer una buena razón para que dicha presentación tenga sentido. «Me encantaría conocer a Rebecca porque trabaja en el sector de la tecnología» no es suficiente. «Me interesa contactar con Rebecca porque mi empresa está buscando asociarse con compañías como la suya» es mejor, ya que la eventual presentación parece beneficiar a ambas partes. Cuando intentes acceder a alguien, sé claro respecto a cómo pretendes beneficiar a la persona a la que serás presentado, o al menos asegurar que no será una pérdida de tiempo para dicha persona.

Dejar en claro cómo puedes ayudar a la persona que deseas contactar (o establecer los puntos de interés común) requiere cierto trabajo de preparación. OkCupid, el sitio web de citas en internet, analizó más de 500.000 primeros mensajes entre un hombre o una mujer y un potencial pretendiente. Descubrió que los mensajes que obtenían mayores posibilidades de respuesta incluían frases del tipo «Usted menciona...», «He notado que...» o «Estoy intrigado por...».[22] En otras palabras, frases que mostraban una lectura cuidadosa del perfil del otro. Las personas hacen esto en las citas por internet, pero cuando se trata de contactos profesionales, por alguna razón no sucede lo mismo: las solicitudes son atrozmente vagas y genéricas. Si dedicas 30 minutos a investigar el perfil de una persona en tu red extendida (LinkedIn es un excelente lugar para empezar) y basas tu pedido de presentación en algo que hayas aprendido, tu solicitud tendrá éxito. Por ejemplo, «He notado que pasó un verano trabajando en un estudio de arquitectura alemán. Una vez trabajé para una agencia en Berlín y pienso mucho en regresar allí. ¿Sería posible que intercambiásemos observaciones sobre oportunidades de negocio en Alemania?».

Puedes conceptualizar y trazar el mapa de tu red todo lo que desees, pero si no eres capaz de solicitar y obtener presentaciones, no te servirá de nada. Tómatelo en serio. Si no recibes o realizas al menos una solicitud de presentación al mes, probablemente no estés utilizando tu red en todo su potencial.

La mejor red profesional: cohesiva y diversa

Unos años atrás, el sociólogo Brian Uzzi realizó un estudio sobre por qué algunos musicales de Broadway entre 1945 y 1989 fueron exitosos (como *West Side Story* o *Bye Bye Birdie*) y por qué otros fracasaron.[23] ¿Qué tenían los ganadores que les faltaba a los perdedores? El resultado al que llegó se relacionaba con las redes sociales de las personas encargadas de la producción. Para las producciones fracasadas, era frecuente uno de los siguientes dos casos. El primer tipo de producción fracasada eran las colaboraciones entre artistas creativos y productores que se conocían de trabajos anteriores. Cuando existían lazos fuertes entre aquellos que orquestaban el espectáculo, la producción carecía de la frescura y la comprensión creativa que surge de experiencias diversas. En el extremo opuesto, el otro tipo de producción fracasada era aquella en la que ninguno de los artistas tenía una experiencia previa de trabajo en conjunto. Cuando el grupo estaba constituido esencialmente de lazos débiles, el trabajo en equipo, la comunicación y la cohesión grupal fallaban. En contraste, las redes sociales de las personas que participaban en producciones de éxito poseían un equilibrio saludable: algunas tenían relaciones preexistentes y otras no. Algunos lazos eran fuertes, otros débiles. Existía una confianza sólida entre los productores, pero también sangre nueva en el sistema para generar nuevas ideas. Un factor clave en el éxito de un musical, concluyó entonces Uzzi, es la combinación óptima de cohesión y creatividad (es decir, de lazos fuertes y débiles) en las redes sociales de las personas entre bastidores.

El mismo tipo de dinámica entra en juego en espacios muy alejados de las luces de Broadway. El banco Grameen, fundado por el ganador del premio Nobel Muhammad Yunus, presta pequeñas cantidades de dinero a grupos de personas de pueblos empobrecidos en zonas rurales de Bangladesh. Se trata de personas que nunca podrían conseguir un préstamo bancario convencional por sí solos. La perspicacia pionera de Yunus fue que prestarle a grupos en lugar de a individuos genera una presión igualitaria en el grupo para devolver el dinero, reduciendo el riesgo de impagos. Pero el banco Grameen no presta dinero a cualquiera que cruce sus puertas. El analista de préstamos busca a grupos que puedan devolver los préstamos, y una de las mejores maneras de predecir esto es analizando la estructura de la red social del grupo. Los sociólogos James Fowler y Nicholas Christakis resumieron el enfoque del banco de la siguiente forma: «El banco Grameen fomenta los lazos fuertes entre grupos que optimizan la confianza y los conecta mediante lazos más débiles con miembros de otros grupos para optimizar su capacidad de encontrar soluciones creativas cuando surgen los problemas».[24] Las conexiones fuertes optimizan la confianza porque probablemente existan coincidencias en los sistemas de creencias y los estilos de comunicación. Las conexiones débiles ayudan a encontrar soluciones creativas al introducir nueva información y recursos de otros círculos sociales.

Piensa en tu red de relaciones de la misma forma: la mejor red profesional es a la vez estrecha/profunda (conexiones fuertes) y amplia/superficial (lazos puente).

Por supuesto, solo las conexiones fuertes ofrecen profundidad, y es por ello que estas alianzas más íntimas son el tipo de unión más importante. Pero también pueden ser de ayuda para conseguir una amplitud que no puede obtenerse mediante los lazos débiles. Tus contactos más sólidos son seguramente quienes estarán más dispuestos a presentarte a nuevas personas (tus contactos de segundo y tercer grado). Los contactos débiles, aunque son fuentes valiosas de nueva información, por lo general no te presentarán a otras personas a menos que tengan una necesidad transaccional imperiosa (es decir, a menos que se vean beneficiados de cierta forma). Una vez más, Granovetter señalaría el problema de la redundancia en los lazos fuertes: muchos de tus buenos amigos se conocen entre sí, y por ende cualquier persona a quien pudieran presentarte sería alguien que: a) ya conoces, o b) no sería una fuente de información nueva o interesante. Es por esto que debes aprovechar las oportunidades de construir contactos de confianza con personas de diferentes campos o círculos sociales. Busca la diversidad, aunque no de una forma que pueda parecer calculada. Cuando congenias con alguien que es significativamente diferente a ti, debes saber que esa relación tiene el potencial de ser enriquecedora y a la vez una forma de ampliar la información y la creatividad que circulan a través de tu red.

A estas alturas debes comprender por qué existe una gran diferencia entre ser la persona más conectada y ser la mejor conectada.[25] El valor y la fuerza de tu red no están representados por el número de contactos de tu libreta de direcciones. Lo que importan son tus alianzas, la fuerza y la diversidad de tus contactos de confianza, la frescura de la información que circula a través de tu red, la amplitud de tus lazos débiles y la facilidad con la que puedes acceder a tus contactos de segundo y tercer grado. En síntesis, existen diversos factores que contribuyen a una red profesional satisfactoria y útil.

Tu forma de abordar tu red debe representarte. Cuando aún eres joven y estás en período de experimentación, poseer muchos contactos débiles en campos diferentes puede ser muy valioso. Ya en la mitad de tu vida, quizá quieras construir alianzas y establecer contactos profundos en nichos específicos. Sean cuales fueren tus prioridades, alimenta la red que construyes. Tu vida profesional depende de lo inteligente que seas y de tu generosidad con las personas que realmente te importan.

Cómo fortificar y mantener tu red

Las relaciones son cosas que viven y respiran. Si las alimentas, las cultivas y cuidas de ellas, crecerán. Pero si las descuidas, morirán. Esto se aplica a cualquier tipo de relación y cualquier grado de intimidad. La mejor manera de fortalecer una relación es trabajar en el proceso a largo plazo de dar y recibir. Haz algo por la otra persona. Ayúdala. ¿Pero cómo?

He aquí un buen ejemplo: cuando Jack Dorscy fundó Square (la empresa de pagos a través del teléfono móvil que convierte cualquier teléfono inteligente en un dispositivo que lee tarjetas de crédito), llamó la atención de muchos inversores. En el caso de los grandes empresarios con grandes ideas, son los inversores quienes compiten por el privilegio de invertir. El fundador de Digg and Milk, Kevin Rose, tuvo acceso a un prototipo del dispositivo Square y comprendió en el acto su potencial para los pequeños negocios. Cuando le preguntó a Jack si había lugar para otra persona en el grupo inicial dc inversores, este le explicó que el cupo estaba cubierto: no necesitaba más inversores. Eso fue todo. Pero Kevin quería colaborar, y observó que Square no tenía ningún vídeo explicativo en su sitio web donde se mostrara cómo funcionaba el dispositivo. Entonces preparó un vídeo en alta definición y se lo presentó a Jack solo como información.

Impresionado, Jack cambió de idea e invitó a Kevin a sumarse al primer grupo de inversores. Kevin encontró la forma de añadir valor. No pidió nada a cambio, simplemente preparó el vídeo y se lo mostró a Jack. Sin compromisos. Por supuesto, Jack apreció el esfuerzo y le devolvió el favor.

Ayudar a alguien significa asumir que eres capaz de ayudar. Debes rechazar la idea errónea de que si eres menos poderoso, tienes menos dinero o cuentas con menos experiencia, entonces no tienes nada que ofrecer. Todo el mundo es capaz de brindar ayuda o críticas constructivas. Por supuesto, serás aún más útil si posees las aptitudes y la experiencia para ayudar a tus aliados. Las amistades por diversión están bien, pero los profesionales mejor conectados son aquellos que realmente pueden ayudar a sus aliados. Esto es lo que determina una red profesional, y no simplemente una red social.

Ahora, piensa en qué tipo de ayuda es verdaderamente útil. Imagínate en un almuerzo con alguien a quien acabas de conocer, iniciando la conversación diciendo: «Estoy buscando un trabajo en Nueva York». La persona deja el tenedor en la mesa, se limpia los labios, te mira fijamente a los ojos y responde: «Conozco el trabajo perfecto para ti». ¿Te parece esto útil? Difícil. Puesto que probablemente no tiene ni idea de cuál es el trabajo perfecto para ti, una mejor respuesta habría sido: «Cuéntame más sobre tu capacitación, tus intereses y tu experiencia». Las buenas intenciones nunca son suficientes. Para poder ofrecer una ayuda útil, necesitas conocer los valores y prioridades de tus amigos y así ofrecerles una ayuda relevante y específica. ¿Qué cosas los motivan? ¿Cuáles son sus puntos fuertes? ¿Y sus intereses? Preguntar «¿Cómo puedo ayudarte?» inmediatamente después de conocer a alguien es demasiado apresurado. Primero debes conocer a la persona.

Por último, una vez que entiendas sus necesidades, sus desafíos y sus deseos, piensa en cómo puedes ofrecerle un pequeño obsequio. No nos referimos a una tarjeta de regalo de Amazon.com o a un paquete de cigarrillos. A lo que apuntamos es a algo (incluso a algo intangible) que no represente ningún coste para ti y que aun así resulte

valioso para el otro. Los pequeños regalos clásicos incluyen información relevante, artículos, presentaciones y consejos. Un regalo grande
y costoso es en realidad contraproducente, ya que puede parecer un
soborno. Lo poco costoso y aun valioso es la mejor opción.

Al decidir qué regalo ofrecer, piensa en tus experiencias personales y aptitudes. ¿Qué puedes ofrecer que otra persona no? Por
ejemplo, considera este extremo hipotético: ¿Qué tipo de regalo
puede resultarle útil a Bill Gates? Seguramente no será presentarle
a alguien, él puede acceder a quien desee. Tampoco lo será enviarle un artículo que leíste sobre la Fundación Gates, ya que es muy
factible que lo hayan entrevistado para escribirlo. Y tampoco invertir en uno de sus proyectos, ya que no tiene precisamente problemas de dinero. En cambio, piensa en cosas pequeñas. Por ejemplo,
si estás en la universidad, o tienes un buen amigo o pariente que
esté en la universidad, puedes enviarle información sobre las tendencias actuales de utilización de productos culturales y tecnológicos entre los universitarios. La información sobre lo que hacen o
piensan los estudiantes universitarios (las nuevas generaciones)
siempre es interesante y a la vez difícil de obtener, sin importar
cuánto dinero se posea. ¿Qué cosas específicas conoces o posees
que la otra persona no? El secreto detrás de los mejores pequeños
regalos es que sean algo que solo tú puedas ofrecer.

Por último, si la mejor manera de fortalecer una relación es ayudar al otro, la segunda mejor es dejar que el otro te ayude. Como
aconsejaba Ben Franklin, «Si quieres hacer un nuevo amigo, permite que alguien te haga un favor». No seas escéptico frente a la ayuda (¿qué hice yo para merecer esto?), ni sospeches de ella (¿cuál es
el propósito oculto?). Bueno, a veces está bien dudar, pero por lo
general no. A las personas les gusta ayudar. Si alguien te ofrece presentarte a una persona que quieres conocer o te propone compartir sus conocimientos sobre un tema en particular, acepta su ayuda
y exprésale tu gratitud. Todo el mundo se sentirá bien y tú te acer-
carás a esa persona.

Sé un puente

Una buena forma de ayudar a los demás es presentarles a otra gente y brindarles acceso a experiencias a las que no podrían acceder de otra manera. En otras palabras, ubícate entre dos grupos o círculos sociales diferentes y conviértete en el puente que tus amigos puedan cruzar de un lado al otro. Mi pasión por los emprendimientos combinada con mi interés en el diseño de juegos de mesa me llevó a introducir a varios de mis amigos empresarios a *Los colonos de Catán*, el juego alemán. En Silicon Valley se terminó formando una gran comunidad alrededor del juego. También he combinado mi experiencia en diseño de productos de consumo de internet con mi interés en la filantropía, ayudando a organizaciones como Kiva o Mozilla, tendiendo los puentes de mi red de contactos y mi experiencia entre el mundo de los beneficios y el mundo sin fines de lucro. Las experiencias y aptitudes de Ben lo convirtieron en un puente entre sus amigos de California y los de Latinoamérica, entre gente de negocios joven y gente de negocios no tan joven, y entre gente de negocios y profesionales de la edición. ¿Puedes desarrollar conjuntos de aptitudes, intereses y experiencias en dos o más ámbitos y luego actuar como puente para tus contactos de un círculo que quieran acceder al otro? Si lo consigues, serás una persona de gran utilidad.

CONECTADO Y PRIMERO EN LA LISTA

No hay nada peor que recibir un correo electrónico de la nada enviado por alguien con quien llevas tres años sin hablar: «Oye, nos conocimos hace tres años en aquella conferencia. Estoy buscando un trabajo en el sector del marketing. ¿Sabes de alguien que esté buscando personal?». En ese momento piensas «Ya veo, solo me contactas cuando necesitas algo de mí».

Cuando alguien ocupado recibe un correo electrónico preguntándole si conoce a alguien que tenga un trabajo que ofrecer o si puede presentarle a un experto en determinada área, las personas que le vendrán a la mente son aquellas con las que ha mantenido un contacto reciente. ¿Pensará en ti cuando una oportunidad se presente en su escritorio? Solo si estás primero: si tu nombre es el primero en su bandeja de entrada o en su suministro de noticias.

Técnicamente no es difícil mantenerse en contacto con las personas aunque no lo parezca, si te basas en la frecuencia con la que escuchas a alguien justificar tímidamente meses sin dar señales de vida con un «Lo siento, pero soy muy malo para mantener el contacto». Como si enviar un correo electrónico intrascendente pusiera en evidencia alguna aptitud innata como por ejemplo el empeño en conseguir objetivos. De hecho, todo lo que se necesita para mantener el contacto es el deseo de hacerlo y una modesta dosis de organización y proactividad. Quizá hayas escuchado muchos de los típicos consejos al respecto. Aquí tienes algunas cosas no tan obvias para tener en cuenta:

- *Es probable que no estés siendo pesado.* Una típica preocupación de la gente respecto de mantenerse en contacto e insistir en ello es que el otro los percibirá como molestos o invasivos. Escribes a alguien preguntándole si quiere tomar un café. Sin respuesta. Una semana después, vuelves a escribirle y repites la propuesta. Sin respuesta. ¿Y ahora qué? ¿Parecerás ansioso si lo intentas otra vez? Bueno, depende. Pero por lo general, no. Sigue insistiendo con educación si no obtienes respuesta, e intenta cambiar el mensaje, la oferta o el tono. Con la cantidad de cosas que inundan las bandejas de entrada de las personas, es común que los correos se pierdan en el limbo. Hasta que no te respondan «no», no has sido rechazado.
- *Intenta añadir valor.* Comunícate con alguien cuando puedas ofrecerle algo más que un saludo general o una puesta al día. Por ejemplo, si ves su nombre en las noticias, lees un artículo que haya escrito o en el que lo hayan mencionado, o si conoces a algún candidato calificado para un puesto que él intenta cubrir. Enviar un correo que simplemente pregunte «¿Cómo estás?» no causará ninguna impresión.

- *Si te preocupa parecer demasiado personal, disfraza tu contacto como algo más general.* ¿Parece extraño contactar con un compañero de instituto al que llevas años sin ver? Aquí va un consejo en contra del principio generalizado de personalizar los mensajes: disfraza tu intento inicial de entrar en contacto como parte de un proceso más general. «Estoy intentando volver a contactar con antiguos compañeros de clase. ¿Cómo estás?» Esto reduce bastante la potencial incomodidad. Una vez que hayas obtenido respuesta, podrás personalizar tu mensaje.

- *Una comida vale por muchos correos electrónicos.* Una comida de una hora con alguien crea un lazo mayor que muchos correos. Cuando puedas, intenta reunirte en persona.

- *Medios sociales.* Los medios sociales son especialmente útiles para mantenerse en contacto de forma pasiva. Al actualizar tu estado en tu red y ante tus suscriptores, si la persona quiere responder, lo hará, pero no estará obligada a hacerlo. Dado que muchas personas no responden a cada actualización de estado, tuit o artículo compartido, es fácil pensar que nadie lo ha leído. El goteo constante de actualizaciones, incluso si en algunos casos roza lo frívolo, crea una verdadera conexión humana entre tú y tus contactos en internet. Utiliza LinkedIn para tus actualizaciones profesionales, Facebook para las personales y Twitter para aquellas que se apliquen a ambos grupos.

Si has perdido contacto con alguien, toma tú la iniciativa. Lánzate de lleno, quizá con un tímido encabezado diciendo «Ha pasado mucho tiempo». Reactivar relaciones fuertes con viejos compañeros de estudio, antiguos empleadores o personas que solían vivir cerca de ti es un verdadero placer, y una de las formas más fáciles de construir «nuevas» relaciones con verdadero valor.

Crea un «fondo de personas interesantes»

Quizá estés asintiendo ante la importancia de mantenerte en contacto, pero ¿de verdad lo haces? Cambiar las formas de actuar no es algo fácil. Cuando tienes que hacer lo que consideras importante, resulta muy tentador dejarlo para el día siguiente. Es por esto que Steve Garrity y Paul Singh presupuestaron y comprometieron tiempo y dinero en mantenerse en contacto para luego no tener excusas cuando llegase el momento de actuar.

Steve Garrity estudió informática en la Universidad de Stanford y realizó prácticas en diferentes empresas durante los veranos. Tras obtener su máster en 2005, estaba decidido a fundar su propia empresa de tecnología en Silicon Valley. Pero hasta entonces había pasado toda su vida adulta en San Francisco, y le preocupaba que si iniciaba un negocio en ese momento quedaría atado a la zona por muchos años. Primero quería cambiar de escenario. Entonces, comenzó un trabajo en Microsoft, cerca de Seattle, en el sector de la telefonía móvil. Seattle era un lugar nuevo y Microsoft era una gran empresa, y aunque ni el lugar ni el trabajo en grandes empresas eran parte de sus planes a largo plazo, entendió que las nuevas experiencias le serían de gran utilidad.

Pero algo preocupaba sobremanera a Garrity: ¿qué sucedería con su red de contactos profesionales, capitalistas inversores y amigos de Silicon Valley? Sabía que algún día regresaría para fundar su propia empresa, y no quería que su red se estancase. Entonces, se propuso mantenerse conectado con su red de San Francisco, y ahí fue donde se puso creativo. En lugar de pensar solo en la importancia de mantener el contacto (lo que por lo general deriva en ir perdiendo el contacto poco a poco), puso tiempo y dinero para mantener su red actualizada. El Estado de Washington no cobra impuestos sobre los beneficios personales (o corporativas), por lo que Garrity concluyó que al vivir allí en lugar de California estaba economizando una cantidad importante de dinero. Al mudarse a Seattle, se dijo que 7.000 dólares de sus ahorros serían «dinero de California».

Cada vez que alguien interesante de San Francisco lo invitaba a comer, cenar o tomar un café, él volaba a California para el encuentro. Consideraba el viaje en avión como un trayecto de una hora en coche. Una vez, uno de sus profesores de Stanford lo llamó sin saber que Garrity había dejado la ciudad: «Steve, algunos estudiantes muy interesantes vendrán a mi casa mañana por la noche. Me parece que te encantará conocerlos. ¿Quieres venir?». Steve dijo que sí y reservó un vuelo a San Francisco. La noche siguiente, llegó a la casa de su profesor y llamó a la puerta con una mano mientras sostenía un maletín en la otra. Puesto que había guardado dinero para un propósito determinado, no tenía que preocuparse por el coste de los viajes ni por el estrés de tomar decisiones.

Durante los tres años y medio que trabajó en Microsoft, Garrity visitó San Francisco al menos una vez al mes, y obtuvo excelentes resultados. Al regresar a California en 2009, fundó la empresa Hearsay Labs con uno de sus amigos de San Francisco, cuyo sofá le había servido de cama durante sus frecuentes peregrinajes desde Seattle.

Garrity no es la única persona que comprendió que comprometerse con algo garantiza que finalmente eso sucede. Paul Singh nació, fue a la universidad y tuvo sus primeras experiencias laborales en Washington D.C. En 2007 se mudó al norte de California para trabajar en una empresa de tecnología. Le preocupaba que sus contactos de la costa Este se perdieran durante su estadía en el otro extremo del país, por lo que economizó 3.000 dólares al año para viajar a Washington con el propósito de pasar tiempo con sus amigos allí. Además de mantener sus relaciones, Paul también utilizó el dinero para conocer nuevas personas. Se refería a sus ahorros como el «fondo de personas interesantes»: un dinero exclusivo para conocer gente nueva e interesante. Tras unos años en San Francisco, Singh regresó a Washington para trabajar como empresario en residencia en un pequeño fondo de inversiones, una oportunidad que surgió gracias a que conoció a su nuevo jefe a través de su fondo de personas interesantes. Con más dinero en el banco, Singh ha ampliado su fondo de personas interesantes a 1.000 dólares al mes, y ahora lo utiliza principalmente para mantener activa la red que construyó mientras estaba en San Francisco.

SUPERA LAS DINÁMICAS DEL PRIVILEGIO AL LIDIAR CON PERSONAS PODEROSAS

Si deseas mantener relaciones con personas ocupadas y poderosas, deberás prestar especial atención al rol del privilegio. El *privilegio* se refiere al poder, al prestigio y al rango de una persona en un marco social específico y un momento determinado. En la vida no existe una jerarquía predeterminada: el prestigio es relativo y dinámico. David Geffen, por ejemplo, posee un gran prestigio en el mundo del entretenimiento, pero quizá este sea comparativamente menor si Steven Spielberg se encuentra a su lado. De la misma manera, Brad Pitt tiene un alto prestigio, pero imagínalo en una habitación repleta de ingenieros en sistemas intentando avanzar en un proyecto de codificación, y su prestigio será irrelevante. El presidente de Estados Unidos es por lo general considerado el hombre más poderoso del planeta, y sin embargo existen cosas que Bill Gates puede hacer y el presidente no, y otras que Oprah Winfrey puede y Gates no. El prestigio de una persona depende de las circunstancias y de quién está a su alrededor.

No encontrarás nada sobre el prestigio en la mayoría de los libros de empresa y negocios. Se trata de un tópico por lo general evitado en favor de obviedades del tipo «Trata a las personas con respeto» o «Ten en cuenta el tiempo de la otra persona». Son buenos consejos, pero no cuentan toda la historia. Guste o no, el mundo de los negocios está repleto de abusos de poder, jugadas astutas e imposiciones de prestigio. Comprender estas dinámicas es especialmente importante cuando trabajas con personas más poderosas que tú.

Antes de que Robert Greene se convirtiera en un autor best seller, trabajaba en una agencia de Hollywood que vendía historias de vida a revistas, productores cinematográficos y editores. Su trabajo era encontrar esas historias. Siendo una persona competitiva, Greene quería ser el mejor, y de hecho, según recuerda, conseguía más historias que se convertían en artículos de revistas, libros y películas que cualquier otro en su oficina.

Un día, el supervisor de Greene lo convocó para decirle que no estaba muy contento con él. No fue muy específico en sus explicaciones, pero sí le dejó claro que algo no estaba funcionando. Greene quedó desconcertado: conseguía muchas historias que eran publicadas. ¿No era ese el objetivo? Había algo más. Se preguntó si su problema era de comunicación. Quizá fuera una cuestión personal, por lo que se concentró en mejorar su trato, ser más comunicativo y más agradable. Pero nada cambió, ni siquiera sus éxitos al conseguir buenas historias que vender. Poco después, en una reunión de personal, la tensión estalló y su supervisor interrumpió la reunión para decirle a Greene que tenía un problema de actitud. No dio más detalles, solo le dijo que no sabía escuchar y que tenía una mala actitud.

Unas semanas después, tras torturarse por las críticas vagas a pesar de su sólido desempeño laboral, Greene renunció. Un trabajo que debería haber firmado su éxito profesional terminó convirtiéndose en una pesadilla. Durante el tiempo que siguió, reflexionó sobre qué había hecho mal con su jefe.

Él creía que lo que importaba era hacer un excelente trabajo y mostrar a todos lo talentoso que era. Y si bien hacer un excelente trabajo era sin duda importante, dedujo que no era suficiente. Lo que no había logrado entender era que sus talentos personales podían hacer que su jefe se sintiese disminuido ante los ojos de los demás. No había conseguido superar las dinámicas de privilegio a su alrededor: no había tenido en cuenta las inseguridades, las ansiedades de prestigio y los egos de los demás. Había fallado en la construcción de relaciones con las personas que estaban por encima y por debajo de él en la pirámide. En consecuencia, había pagado el precio de sus errores con su trabajo.

Todos somos iguales, pero todos somos no iguales

Todas las personas son creadas iguales y poseen los mismos derechos inalienables a la vida, a la libertad y a la búsqueda de la felicidad. Estos derechos deben ser garantizados más allá de su sexo, raza o religión. Si alguien comete un crimen, quizá pierda su libertad, pero no sus derechos humanos fundamentales a ser alimentado y a vivir en condiciones dignas (al menos en las sociedades avanzadas, en todo caso). Nadie es más humano que otro. Si respiras, mereces una dignidad básica. Punto.

Pero en otros ámbitos, las personas no son todas iguales. No vivimos en una sociedad igualitaria. La gente toma decisiones diferentes, y la suerte cae de un lado más que del otro. Compara a dos hombres que trabajan en finanzas, llevan traje y corbata cada día y viven en Nueva York. En principio parecería que ambos poseen el mismo nivel de prestigio, pero en la realidad uno de los dos siempre será (y será percibido como) más exitoso, poderoso, rico, inteligente, ocupado o famoso que el otro.

Las diferencias de prestigio (tanto reales como percibidas) se basan en cómo se espera que alguien actúe en determinadas situaciones. Las siguientes situaciones muestran cómo ciertas demostraciones de poder inapropiadas pueden ofender a alguien de estatus igual o superior, y cómo evitarlas.

- Envías un correo electrónico al vicepresidente de recursos humanos de la empresa para la que deseas trabajar. Le envías tu curriculum y le propones un encuentro en un bar cercano a tu casa.

Un encuentro debe programarse por lo general para que sea más conveniente para la persona de mayor prestigio. Esto significa encontrar un momento o un lugar más beneficiosos para él o ella. Cuando escribas a una persona de mayor prestigio, proponle encontrarse en su oficina o cerca de ella.

- Llegas tarde a una reunión con un colega gerente de producción.

La llegada con retraso es la clásica jugada de poder, porque lo que significa es «mi tiempo es más valioso que el tuyo, así que es normal que debas esperarme». Todos hemos llegado alguna vez tarde por circunstancias que escapan a nuestro control, por lo que no siempre es una señal segura. Pero por lo general significa algo. Piensa lo siguiente: ¿Te permitirías llegar tarde a una reunión con Barack Obama? Seguramente, no.

- Tú y tu colega de trabajo sois asistentes de marketing en la misma empresa. Él menciona que trabaja en una propuesta de ventas, y tú respondes de forma proactiva: «No tendría ningún problema en mirarla y decirte cómo podrías mejorarla».

¿Te suena inofensivo? Por lo general lo es. Pero ten cuidado: cuando ofreces, sin que te lo pidan, decirle a alguien cómo puede mejorar, significa que puedes detectar fallos en su trabajo que él no puede ver, y que debería estar contento de recibir tus críticas. Si el otro se ve a sí mismo como tu igual, quizá no considere que estés en posición de decirle cómo mejorar y podría resentirse en lugar de apreciar tu oferta.

Recuerda que incluso si no intentas mostrar que eres más poderoso, una jugada de poder involuntaria no deja de ser una jugada de poder, y podría irritar a aquellos que deseas impresionar.

La conclusión no es que haya que hacer todo lo que las personas de mayor prestigio nos dicen. Asentir servilmente a todo lo que afirma una persona importante es vulgar, por no decir deshonesto. La respuesta tampoco es faltar al respeto a las personas de menor prestigio, ni exhibir tu superioridad. Presentarte como una estrella repele a las personas por debajo de ti, que no se sentirán ni atraídas ni leales a tu persona. También repele a aquellos por encima de ti, que interpretarán tu pavoneo como inseguridad. La realidad es que algunas personas requieren de algo más de delicadeza. Si deseas construir una relación con alguien de mayor prestigio, es importante saber que se espera de ti que seas complaciente.

El terreno social en los niveles más altos de poder e influencia puede ser traicionero. Si deseas cultivar y fortalecer tus lazos con tu jefe, con el jefe de tu jefe, con los altos cargos u otras personas de gran prestigio, piensa en cómo el desequilibrio de poder puede afectar el comportamiento social que se espera de ti. Ser cuidadoso en este tema aporta mucho.

Cuándo ceder

Las personas cambian. Tú cambias. Algunas relaciones simplemente no están hechas para durar más allá de cierto punto. Por desgracia, a veces es más fácil dejar que la relación continúe por inercia a menos que exista un verdadero catalizador para cambiar, lo que significa que muchas personas continúan con amistades que en realidad deberían terminar.

Aquellos que entraron en la edad adulta con el cambio de milenio son especialmente permeables a este tipo de desenlace. En la universidad te encuentras rodeado de pares de tu misma edad, y juntos vivís una gran cantidad de experiencias compartidas. Es muy fácil sostener una conversación en la cena sobre lo que tal o cual dijo en la fiesta de anoche. Pero en el mundo real no vivís juntos a cada instante, por lo que esas relaciones pasan a depender de pasiones y valores compartidos. Al mismo tiempo, tus intereses y actitudes evolucionan. Una de las mejores cosas de la vida adulta es que conoces a gente que comparte contigo intereses específicos y afinidades intelectuales. Por lo general terminas encontrándote ante una situación en la que tus amigos de la universidad o de la infancia son parte de una historia afectiva importante, pero algunos de ellos no parecen tan interesantes como los nuevos amigos que vas conociendo. ¿Qué hacer entonces?

Sin duda debes hacer algo, porque no tendrás ni el tiempo ni la energía para cultivar nuevas amistades si te aferras obstinadamente a las antiguas. Es, una vez más, el ejemplo de la cámara digital: no tendrás espacio suficiente en tu tarjeta de memoria. Pero a diferencia de la cámara digital, la jugada correcta no es «borrar» activamente las amistades que no deseas conservar. Por el contrario, lo correcto es dejar que esas amistades simplemente se vayan apagando. Existe una evolución natural en ciertas relaciones. A diferencia de las relaciones románticas, con los amigos no es frecuente que exista una razón para terminar. Incluso si las personas siguen caminos diferentes y la amistad se disuelve poco a poco, la confianza puede perdurar. Y, a diferencia de muchas ex parejas, es posible reactivar las amistades más adelante, cuando los intereses vuelvan a ser comunes.

Muchas relaciones se apagan, por desgracia y sin que nos demos cuenta. Debes conservar activamente las relaciones que de verdad valoras, y dejar que vayan desapareciendo las que no.

Invierte en ti mismo

A PARTIR DE MAÑANA:

- Mira tu agenda de los últimos seis meses e identifica a las cinco personas con las que hayas pasado más tiempo. ¿Estás satisfecho con la influencia que esas cinco personas tienen sobre ti?

DURANTE LA SEMANA SIGUIENTE:

- Presenta a dos personas que tú conozcas y que no se conozcan entre ellas. Asegúrate de que el contacto sea útil para ambos (visita el sitio startupofyou.com —en inglés— si necesitas ayuda en cómo preparar el correo electrónico de presentación). Luego piensa en un desafío al que te estés enfrentando y solicita a uno de tus contactos que te presente a alguien que pueda ayudarte. Acelera el proceso ofreciendo algún pequeño regalo (como por ejemplo un artículo relevante) a la persona que deseas conocer.
- Imagina que te despiden de tu trabajo hoy. ¿Quiénes son las diez personas a las que pedirías consejo sobre qué hacer a continuación? Acude a ellos ahora, cuando no necesitas nada en particular.

DURANTE EL SIGUIENTE MES:

- Elige a una persona de tu red que sea un lazo débil pero con quien desearías construir una alianza más sólida. Proponte ayudarla de forma proactiva, ofreciéndole pequeños regalos. Estos pueden ser de todo tipo, desde enviarle algún artículo interesante hasta ayudarle a preparar una presentación o reenviarle una propuesta de trabajo. Invierte tiempo y energía concretos en esta relación durante varios meses.
- Crea un «fondo de personas interesantes» en el que depositarás un porcentaje de tu salario. Utilízalo para pagar cafés, comidas y algún billete de avión ocasional para conocer nuevas personas y fortalecer relaciones existentes.

Inteligencia en red

No se trata solo de las personas que conoces, sino también de las personas que ellos conocen: tus contactos de segundo y tercer grado. Planifica un evento donde tus amigos traigan a algunos de sus amigos, e invita a tu red extendida.

5

Busca oportunidades revolucionarias

El éxito comienza con las oportunidades. Las oportunidades son como cuando se pasa la pelota a un atacante en un equipo de fútbol: la jugada todavía debe continuar, todavía debe resolverse. Pero si la pelota no pasa por el atacante, no podrá crearse la jugada de peligro. Para un joven abogado, una oportunidad puede ser que lo designen para trabajar junto al socio más hábil del estudio. Para un artista, puede tratarse de una oferta de último minuto (quizá a raíz de una cancelación) para exhibir en un museo importante. Para un estudiante, puede significar obtener una beca para viajar e investigar en su campo.

Si para conseguir estas oportunidades bastase con entrar en un comercio, hurgar entre las estanterías polvorientas, elegir una y después salir, la jerarquía de poder en el mundo sería bastante diferente. Por supuesto, las cosas no funcionan así. Salir, buscar y desarrollar oportunidades profesionales depende de ti, con la ayuda de tu red de contactos. Y no se trata de cualquier tipo de oportunidad. Los empresarios no comienzan sus negocios en cualquier parte, sino que concentran su capacidad y las aptitudes que han estado perfeccionando en encontrar las mejores oportunidades de negocio. De la misma forma, para lograr algo significativo en tu carrera necesitarás dedicarte a encontrar y capitalizar esas grandes oportunidades de carrera: las oportunidades que incrementarán tu ventaja competitiva y acelerarán tu Plan A o tu Plan B.

En una nueva empresa, el crecimiento por lo general no es ni lento ni firme. En su lugar, ciertas oportunidades (aperturas, acuerdos, descubrimientos) lanzan a la empresa hacia delante y aceleran su tasa de crecimiento. Observa el caso de Groupon: durante su primer año de existencia avanzó a trompicones como un sitio del que probablemente nunca hayas oído hablar llamado The Point, que organizaba grupos de personas que desearan unirse para defender causas sociales o cívicas. Andrew Mason, el propietario, se dio cuenta de que los miembros eran más activos cuando se juntaban con el fin de incrementar su poder de compra, y comprendió que se encontraba frente a una oportunidad de ocupar un nicho diferente. Entonces, cambió a un nuevo plan y creó un nuevo sitio web (en pocas semanas) que ofrecía exclusivamente descuentos grupales a los consumidores. Gracias a su rápida reacción y a una excelente ejecución, esta jugada aceleró enormemente el crecimiento de la empresa, transformando a The Point en Groupon y en la empresa valuada en miles de millones de dólares que es hoy en día. Pero ninguna nueva empresa goza de tal crecimiento astronómico para siempre, o al menos no sin continuar buscando nuevas oportunidades rompedoras. Como el crecimiento de Groupon debe ahora enfrentarse a nuevos competidores, Andrew y su equipo siguen buscando nuevas oportunidades. Una de ellas son las ofertas móviles puntuales que han lanzado para sus consumidores. La operación, llamada Groupon Now, permite que minoristas con inventarios perecederos (por ejemplo, restaurantes) atraigan a los clientes a sus comercios en horarios poco frecuentes. Si la propuesta funciona, pondrá en marcha un nuevo proceso de crecimiento acelerado para la empresa. La trayectoria de Groupon, en otras palabras, responde al gráfico de «realidad» aquí expuesto:

Percepción

Realidad

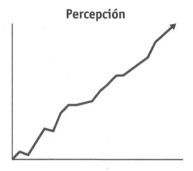

Las carreras profesionales, como las nuevas empresas, también están marcadas por momentos revolucionarios. En un típico curriculum (e incluso en un perfil de LinkedIn) se ofrece un listado cronológico inverso de las experiencias laborales, presentadas con la misma letra y tamaño de fuente. Pero en realidad esto lleva a confusiones. Nuestras vidas profesionales no son una secuencia de trabajos de igual importancia. Siempre existen proyectos revolucionarios, contactos, experiencias específicas e incluso golpes de suerte que llevan a crecimientos inusualmente rápidos.

Piensa en la carrera de George Clooney. En 1982, el joven muchacho originario de Kentucky se mudó a Hollywood, como tantos otros antes que él, con el sueño de convertirse en una estrella de cine. Tenía algunos puntos a su favor: era apuesto, poseía un talento natural, una sólida ética laboral y algunas conexiones familiares. Sin embargo, tras 12 años de audiciones apenas había conseguido algunos papeles en series televisivas de segundo nivel. Clooney estaba muy lejos de las grandes producciones cinematográficas. Todo cambió en 1994, cuando supo aprovechar una oportunidad, se esforzó en explotarla y catapultó su carrera hacia nuevos horizontes.

Warner Bros. estaba produciendo una serie dramática hospitalaria llamada *Urgencias* (E.R.), con «un argumento tan excitante y novedoso, nunca antes visto en la televisión, que solo podía ser un rotundo fracaso o un éxito absoluto», según cuenta Kimberly Potts en su biografía de Clooney. Cuando uno de los amigos del actor le mostró una copia del guión, este supo de inmediato que podía ser una oportunidad rompedora. Entonces, no esperó a que los productores de *Urgencias* lo contactasen. Cogió el teléfono y llamó al productor ejecutivo para informarle que no pensaba dejar que nadie más que él ocupase el papel del médico principal. Lo invitaron a realizar una audición, y poco después lo llamaron para darle la buena nueva. «Acabo de conseguirme una carrera», le dijo a un amigo tras colgar el teléfono. Efectivamente, «su carrera, su vida y las vidas de quienes lo rodeaban estaban a punto de despegar en una dirección completamente diferente».[1] La serie fue un éxito total. Gracias a ella, Clooney dejó la televisión y continuó con su sueño de triunfar en la gran pantalla. Tras algunas películas regulares, consiguió el rol protagónico en *Un romance muy peligroso* y después en *Ocean's Eleven. Hagan juego*, la primera película de una célebre trilogía. Pronto se convirtió en una de las estrellas más codiciadas de Hollywood (en una fracción del tiempo que le había tomado conseguir el papel en *Urgencias* que cambió su vida).

¿Cómo hizo Clooney para reconocer en *Urgencias* la oportunidad revolucionaria que en verdad era? En realidad, no podía estar seguro que se tratase de un éxito. Nunca se puede estar seguro. Las oportunidades de oro no vienen envueltas en papel de seda con una etiqueta explicativa. Las grandes oportunidades de trabajo no figuran entre las ofertas de empleo del periódico. Pero *Urgencias* poseía algunas características reveladoras, y Clooney decidió jugársela en ello. Uno de los elementos clave fue que las personas responsables del proyecto eran de alta calidad, lo que siempre es importante. Otro fue que Clooney nunca había tenido un rol protagónico en otra serie televisiva. Era entonces para él un nuevo desafío. Una jugada de carrera que implica lanzarse por algo que parece superior a uno y que conlleva riesgos importantes.

Puede resultar tentador calificar la oportunidad revolucionaria de Clooney como pura suerte. ¿Estaba simplemente en el lugar correcto y en el momento oportuno? Sí, y por supuesto existe un factor de suerte en ello. Pero es posible desarrollar hábitos de comportamiento y hábitos de reflexión que incrementen la posibilidad de encontrarse en el lugar correcto y en el momento oportuno. En otras palabras, puedes aumentar intencionalmente la calidad y la cantidad de oportunidades de tu carrera, incluso si aún no sabes cuáles son ni dónde se encuentran.

Una mente fogosa: sé curioso

Existe una disposición y una mentalidad que, como la electricidad, debe estar «encendida» para alimentar todos los otros comportamientos en busca de oportunidades: la curiosidad. Las personas emprendedoras rebosan de curiosidad: encuentran oportunidades allí donde otros solo ven problemas, porque mientras los otros simplemente se quejan, ellos se preguntan «¿Por qué?». ¿Por qué demonios este maldito producto/servicio no funciona como debería? ¿Existe una mejor manera? ¿Puedo hacer dinero con ello? Andrew Mason tuvo la idea para The Point de la siguiente manera: intentó dar de baja el contrato de su teléfono móvil, y fue tan complicado que se preguntó si la presión colectiva de muchos consumidores descontentos podría obligar a una empresa a ser más eficiente. ¡Podría decirse que el espíritu empresarial surge de la frustración! Para los empresarios, esta disposición se traduce en una gran vigilancia para identificar nuevas oportunidades de negocio. En tu carrera, la curiosidad (con o sin frustración) sobre industrias, personas y empleos te mantendrá alerta ante las oportunidades profesionales. Es difícil aprender a ser curioso, pero es algo que se puede contagiar al frecuentar a personas apasionadas y curiosas. Y una vez que atrapas la curiosidad, es (por suerte) difícil perderla.

Cuando tienes los ojos abiertos y una mente curiosa, puedes hacer cosas que incrementen exponencialmente el flujo de oportunidades, como por ejemplo aprovechar redes de contactos, perseguir un azar selectivo o encontrar oportunidades en los momentos difíciles. En este capítulo exploraremos cada uno de estos conceptos y cómo pueden ser valiosos en tu carrera. Pero no esperes respuestas inmediatas. Andrew Mason no concibió en un día Groupon: la oportunidad surgió de sus actividades y sus ideas. Clooney no se mudó a Hollywood y al día siguiente comenzó con *Urgencias* Tuvo que dedicar 12 años de esfuerzo sostenido. Para poder cultivar, identificar y generar oportunidades se necesita una inversión permanente.

Entonces, incluso si no tienes una razón inmediata para buscar activamente una oportunidad explícita (incluso si, digamos, estás contento y te sientes estimulado en tu trabajo), es importante que no dejes de generar oportunidades profesionales. En parte, porque esto refuerza la capacidad de encontrar oportunidades: mientras más lo intentas, más desarrollas tu sentido intuitivo de cómo, dónde y por qué las oportunidades aparecen en tu carrera. En parte, porque nunca sabes cuándo deberás cambiar a un Plan B e ir en busca de una nueva oportunidad. LinkedIn presenta recomendaciones laborales automáticamente basándose en el contenido de tu perfil, tu ubicación y los atributos de personas similares a ti, y lo hace incluso si no indicas específicamente que buscas un empleo. Se trata de una función inspirada en un reclutador que afirmó que todo el mundo está buscando nuevas oportunidades, incluso si no es consciente de ello.

Cómo encontrar y generar oportunidades profesionales

PERSIGUE LA *SERENDIPIA* Y EL AZAR POSITIVO

En el capítulo sobre planificación y adaptabilidad, vimos que tanto las historias de nuevas empresas como las de carreras exitosas no suelen encajar en una narración ordenada y lineal. A pesar de la creencia común de que los empresarios (o los profesionales) diseñan un único plan para su empresa (o carrera) y luego trabajan sin pausa y con obstinación para que su plan rinda frutos, las empresas y las carreras más exitosas atraviesan varias adaptaciones y repeticiones. En realidad, nunca llegan a un destino predeterminado, sino que se trata de un proceso sin fin. Pero en retrospectiva resulta sencillo atribuir las oportunidades profesionales revolucionarias a algún tipo de plan maestro: «Como sabía que Nancy sería crucial para mi éxito, decidí abordarla en una fiesta…». Sí, seguro… Lo que en verdad sucede con frecuencia es que uno se topa con determinada idea o persona sin haberlo programado. La clave es entonces incrementar las posibilidades de toparse con algo valioso, persiguiendo un azar positivo y permaneciendo atentos a las posibilidades que se nos revelan.

Para John D'Agostino todo comenzó con un encuentro fortuito en septiembre de 2002 en el hotel Waldorf-Astoria de Nueva York. D'Agostino participaba de un evento auspiciado por la Fundación Ítalo-Americana en honor de Vincent Viola, el presidente del New York Mercantile Exchange (NYMEX). El NYMEX es donde se compran y venden contratos de productos energéticos (principalmente petróleo). Los miles de millones de dólares en transacciones hacen del NYMEX la bolsa de intercambio de futuros más grande del mundo, y de Vincent Viola un hombre muy poderoso. D'Agostino, quien por entonces tenía poco más de veinte años, se encontraba allí para dar un discurso de agradecimiento como beneficiario de una beca de estudios de la fundación. Sus comentarios llamaron la atención de Viola, que le entregó su tarjeta de visita y le dijo «Vea si puede hacerse un lugar en mi agenda». Como aspirante a magnate que era, D'Agostino se sentía igual que un músico de rock al que Bono le hubiera ofrecido darle clases gratuitas de música. Sabía que se encontraba frente a una oportunidad que no debía desperdiciar. Con obstinación insistió una y otra vez hasta que la secretaria de Viola aceptó concertar una cena con él. Terminó siendo contratado como director de proyectos especiales en el NYMEX, donde sentó las bases para un acuerdo de intercambio energético con la Autoridad de Desarrollo e Inversiones de Dubái. D'Agostino terminó siendo promovido a vicepresidente de estrategias del NYMEX (y fue el sujeto de un libro subtitulado *La verdadera historia de un muchacho de la Ivy League que cambió el mundo del petróleo, de Wall Street a Dubái*). Nada mal para un encuentro fortuito.

Serendipia (en inglés, *serendipity*) es la palabra que utilizamos para describir la buena suerte accidental. El novelista inglés Horace Walpole acuñó la palabra para describir un fenómeno que observó por primera vez en un cuento de hadas persa llamado *Los tres príncipes de Serendip*. En la historia, el rey envía a sus tres hijos en un viaje a tierras lejanas. Durante el periplo, los príncipes se encuentran con algunos problemas, y en un momento son acusados de robo. Pero estos demuestran tal capacidad de juicio y perspicacia (al liberarse de los cargos por el robo de un camello) que su padre y otros gobernantes deciden ofrecerles la posibilidad de convertirse ellos mismos en reyes y gobernantes. En una carta a un amigo, Walpole califica de *serendipia* la buena suerte accidental de los príncipes de Serendip: sin duda tuvieron suerte, pero también actuaron con sabiduría al convertir un revés inesperado en una oportunidad que supieron aprovechar.

Sin embargo, incluso si eres curioso y te mantienes alerta, las oportunidades no aparecerán mágicamente ante ti. Casi todos los casos de *serendipia* y las oportunidades necesitan de alguien haciendo algo. D'Agostino concurrió a un evento y se presentó dispuesto y receptivo ante las personas poderosas que conoció. Clooney nunca dejó de realizar audiciones para diferentes papeles. Andrew Mason de Groupon intentó una y otra vez dar forma a su sitio web. En el cuento de hadas persa, los príncipes de Serendip «no perdían su tiempo entre el lujo de Sri Lanka en algún cómodo sofá del palacio. Estaban allí fuera, explorando, viajando por el mundo, cuando se toparon por accidente con la buena suerte», explica James Austin en su libro *Chase, Chance and Creativity* (Búsqueda, suerte y creatividad).[2] Hay una razón por la que la historia que inspiró el término *serendipia* incluye la exploración y los viajes. No encontrarás a la buena suerte (no te toparás con oportunidades que disparen tu carrera hacia delante) tirado en la cama. Cuando haces algo, preparas el terreno e introduces la posibilidad de que ideas, personas y lugares aparentemente azarosos se entretejan y produzcan nuevas combinaciones y oportunidades.[3] Si te mantienes contínuamente en movimiento, podrás tejer una red lo más vasta y elevada posible que te permita atrapar cualquier oportunidad interesante que se cruce en tu camino.

Es fácil decir que debes mantenerte en movimiento... ¿Pero hacia dónde debes moverte? Propondremos algunos elementos específicos al final del capítulo, pero perseguir el azar puede ser tan simple como alargar un día más tu próximo viaje a una ciudad y encontrarte con amigos de amigos. O ir a una cena donde no conozcas a nadie. O comprar una revista que no sueles leer.

Por supuesto, moverse en cualquier dirección no es sensato. Irte de excursión a Darfur, por ejemplo provocará un azar del tipo equivocado. Pero si el objetivo es buscar un azar positivo, tampoco es conveniente un movimiento demasiado directo. La mayor parte del tiempo simplemente no sabemos cuándo, dónde o cómo nos encontraremos ante una oportunidad. ¿En qué conferencia tendrás un encuentro fortuito con el amigo de tu madre que está buscando a alguien para trabajar en su oficina este verano? ¿Qué productor de Hollywood responderá a tu enésimo llamado para pedirte una copia de tu guión? ¿Qué importante periodista comenzará a seguir tus tuits y te llamará para verte? No hay forma de saberlo con certeza. Por lo tanto, debes mantener tu mente abierta sin dejar de establecer parámetros inteligentes. Puedes ir a una conferencia y hablar con personas al azar, pero mejor aún, puedes ir a una conferencia, identificar a alguien que consideres interesante y acercarte a quienes veas hablar con esa persona interesante. En ese caso, estarás persiguiendo el azar, y a la par actuarás de forma estratégica.

Como siempre, debes ser ante todo tú mismo: hacer las cosas que crees que podrán beneficiarte, que pondrán en escena tu ventaja competitiva y cada una de las tres piezas del rompecabezas. Acudir a reuniones sociales es una forma clara de salir al mundo, pero si no te agradan las reuniones sociales, no vayas.

Como señala el empresario Bo Peabody: «La mejor manera de asegurarse que sucedan cosas afortunadas, es asegurarse de que sucedan muchas cosas».[4] Haz que las cosas sucedan, y a largo plazo crearás tu propia *serendipia* y generarás tus propias oportunidades.

Conéctate a otras redes: grupos y asociaciones de personas

Las oportunidades no flotan por ahí como si fueran nubes, sino que se encuentran atadas firmemente a los individuos. Si buscas una oportunidad, en realidad estás buscando personas. Si evalúas una oportunidad, en realidad estás evaluando personas. Si intentas reunir recursos para ir en busca de una oportunidad, en realidad estás intentando conseguir el apoyo y la participación de otras personas. Una empresa no te ofrece un trabajo, son las personas las que lo hacen.

En el capítulo anterior analizamos cómo construir una red de alianzas profesionales y lazos puente más débiles. Ahora, queremos estudiar cómo las oportunidades circulan a través de las congregaciones de estas personas. Quienes poseen buenas ideas e información tienden a juntarse entre ellos. Tendrás una gran ventaja si consigues entrar en los círculos que ofrecen las mejores oportunidades. Es la forma en que las personas han conseguido salir adelante a lo largo de los siglos.

Retrocedamos algo más de doscientos años: en 1765, Joseph Priestley, un joven pastor y científico amateur, llevaba a cabo sus experimentos en su laboratorio casero de la campiña inglesa. Era una persona excepcionalmente brillante, aunque estaba aislado de sus pares. Pero un día de diciembre viajó a Londres para una reunión del Club de Liberales Honestos. Creado por Benjamin Franklin, el club era la versión del siglo XVIII de los grupos de redes que existen hoy en día. Franklin, que se encontraba en Inglaterra defendiendo los intereses de las colonias americanas, reunía a sus amigos ilustrados en el London Coffee House los jueves alternos. Sus conversaciones sobre ciencia, teología, política y otros temas eran informales y reflejaban fielmente el ambiente del lugar. Priestley concurrió en busca de opiniones sobre sus ideas respecto al progreso de los científicos en la comprensión de la electricidad, y obtuvo mucho más que eso. Franklin y sus amigos apoyaron con entusiasmo sus concepciones, le ofrecieron acceso a sus bibliotecas científicas personales y le propusieron realizar lecturas críticas de sus manuscritos. Le ofrecieron su amistad y su aliento. Priestley devolvió las gentilezas: se comprometió a hacer circular sus ideas y descubrimientos a través de su red social, reforzando en consecuencia los lazos interpersonales, refinando sus propias ideas e incrementando las posibilidades de que sus nuevos contactos le ayudasen a explotar las oportunidades que surgiesen. En síntesis, la visita de Priestley al club alteró de forma crucial la trayectoria de su carrera (de la misma forma en que el rol de Clooney en *Urgencias* cambió la suya). Como afirma el autor Steven Johnson en su libro *La invención del aire*, Priestley pasó del semi aislamiento a conectarse a «una red existente de relaciones y colaboraciones facilitadas por el ambiente del club».[5] Allí comenzó una ilustre carrera como científico y escritor que lo llevó a descubrir la existencia del oxígeno. El London Coffee House se convirtió en «el centro de la innovación en la sociedad británica».[6]

No era la primera vez que Franklin reunía a sus amigos para conversaciones habituales. Cuarenta años atrás, convenció a doce de sus amigos «más ingeniosos» (como los calificó en su autobiografía) en Filadelfia para crear un club dedicado al mejoramiento mutuo. En reuniones que realizaban una vez a la semana, estos jóvenes se recomendaban libros, ideas y contactos entre sí. Fomentaban su autosuperación a través de conversaciones sobre filosofía, ética, economía y política. Llamaron al club Junto («hoon-toe», juego de palabras en inglés que remite a responder a la disciplina del partido liberal). El Junto se convirtió en un foro privado de reflexión y en una herramienta encubierta para guiar a la opinión pública. El grupo elaboró una gran cantidad de proyectos, como la primera biblioteca pública, la creación de los bomberos voluntarios, de departamentos de policía y la pavimentación de las calles.

También colaboraron para llevar adelante las oportunidades que se les presentaran. Por ejemplo, una idea que surgió en Junto fue la necesidad de una educación superior en humanidades que combinase el estudio de los clásicos con conocimientos prácticos. Franklin se asoció con el miembro de Junto, William Coleman, y otros hombres para crear la que hoy se conoce como la Universidad de Pensilvania. Fue la primera universidad multidisciplinaria en Estados Unidos.

Suele recordarse a Benjamin Franklin como alguien pujante, autodidacta e inventivo: la quintaescencia del empresario emprendedor. Pero lo que nos parece más emprendedor de Franklin tiene menos que ver con sus talentos personales, y se refiere más a cómo promovió los talentos ajenos. Franklin creía que si conseguía juntar a un grupo de personas inteligentes en un ambiente relajado y dejaba que la conversación fluyera, surgirían buenas oportunidades. Puso en marcha una tendencia que el escritor Alexis de Tocqueville subrayó en *Democracia en América*, el clásico libro de 1835 donde reflexionaba sobre un joven país, Estados Unidos: nada era tan característico de Estados Unidos como la proclividad de su gente a asociarse alrededor de intereses, causas y valores comunes.

A principios de 1900, las redes de personas estaban en su apogeo. En el momento de su muerte, J. P. Morgan, el hombre de negocios más emprendedor de su tiempo, pertenecía a 24 asociaciones diferentes. Un abogado de Chicago llamado Paul Harris quizá no sea tan famoso como Morgan, pero su impacto es quizá igual de importante. En busca de nuevos clientes para su bufete y para paliar su soledad, reunió a un grupo de hombres de negocios locales que podían ayudarse mutuamente en sus carreras y disfrutar de una camaradería mutua. Llamaron al club Rotary porque el lugar de encuentro de sus reuniones semanales rotaba entre los miembros. A medida que el club fue creciendo, y con el fin de mantener la informalidad, aplicaron multas a los miembros que se dirigieran a otros de otra manera que no fuese por su nombre de pila. No se permitían ni apodos, ni títulos ni apelativos como «señor».[7] Hoy, el Rotary cuenta con más de 1,2 millones de miembros altamente comprometidos en sus 30.000 sedes alrededor del mundo.

En el último cuarto del siglo XX, las redes informales no paraban de proliferar, sobre todo en los más grandes centros de innovación de Estados Unidos. En 1975, un grupo de entusiastas en microprocesadores de California crearon el Homebrew Computer Club e invitaron a todos los que compartiesen sus intereses en la tecnología a «venir a reunirse con personas con intereses comunes, intercambiar información e ideas, colaborar en proyectos o lo que sea».[8] Se sumaron a la propuesta 500 *freaks*, y de entre ellos, 20 crearon empresas informáticas, incluido Steve Wozniak, el cofundador de Apple. El Homebrew Computer Club colaboró en la creación del sistema de Silicon Valley de diseminación de oportunidades e información a través de redes informales (algo que comentamos en el capítulo sobre inteligencia en red).

Las redes pequeñas e informales siguen siendo una forma muy eficiente de hacer circular las ideas. Es por eso que aún existen las asociaciones de padres de alumnos y de exalumnos en las escuelas, o los grupos de lectura, o las asociaciones de apicultores, o las conferencias y encuentros de industriales… Si deseas incrementar tu flujo de oportunidades, únete y participa en la mayor cantidad posible de estos grupos y asociaciones. Si no sabes por dónde comenzar, visita www.meetup.com (en inglés). Meetup ayuda a 9.000 grupos de interés en 45 ciudades de Estados Unidos a organizar eventos para reunir personas de similares inquietudes. Scott Heiferman, director general de Meetup, afirma: «Hágalo usted mismo se ha convertido en hagámoslo nosotros mismos. Cada vez más personas se reúnen entre sí para hacer que las cosas sucedan.» Esto es **Yo**[Nos] en acción. Ben y yo participamos en miles de conferencias y encuentros. De hecho, nos conocimos en un original retiro que reúne una vez al año a 100 individuos para reflexionar sobre temas que van desde la ciencia a la política, pasando por la filosofía práctica. No hay expositores ni comisiones, solo reflexión conjunta y trabajo en red en un marco informal en Sundance, Utah.

Maximizar tu experiencia en reuniones puede hacerte perder algo de ingenuidad. Chris Sacca sabe una o dos cosas al respecto: hoy es inversor en nuevas empresas de tecnología, pero antes de invertir y antes de trabajar en Google, era un abogado sin empleo necesitado de ingresos para poder pagar sus préstamos estudiantiles. Comenzó colándose por la puerta trasera en eventos sobre trabajo en red y tecnologías, utilizando sus conocimientos de español para convencer a los trabajadores de la cocina de que lo dejaran pasar. Cuando comprendió que entregar a las personas que conocía una tarjeta de visita en la que solo figuraba su nombre no conseguía impresionar a nadie, fraguó un astuto plan para incrementar su credibilidad en los eventos a los que acudía: crear una consultoría y emplearse a sí mismo. Hizo nuevas tarjetas de visita, contrató a un programador para montar su sitio web y le pidió a un amigo que diseñara un logotipo para su empresa. Luego regresó a los mismos eventos de trabajo en red con sus nuevas tarjetas donde ponía «Chris Sacca, director, Salinger Group». De pronto, la gente que conocía parecía más interesada en conversar con él. A través de estos contactos finalmente consiguió un puesto como ejecutivo en una empresa de infraestructuras de internet, y su carrera despegó.

No siempre tienes que acercarte a un grupo como un forastero. Existen muchas redes al alcance de tu mano de las que ya eres parte; solo tienes que ser un poco creativo. Piensa en las asociaciones de ex alumnos del instituto y la universidad. Sin duda, son buenas fuentes de nuevas oportunidades. Pero también eres ex alumno de las organizaciones en las que has trabajado anteriormente.

Mi membresía en un importante grupo corporativo de ex alumnos en Silicon Valley me ha abierto las puertas de un gran número de oportunidades. Luego de que eBay adquiriese PayPal, los miembros del equipo ejecutivo de PayPal avanzaron en rumbos diferentes, pero se mantuvieron en contacto, invirtiendo en las empresas de los otros, empleándose entre sí, compartiendo espacio de oficinas y cosas por el estilo. No hay membresías que pagar, ni saludos secretos, ni reuniones mensuales: solo una colaboración informal. Sin embargo, estas colaboraciones han engendrado algunos de los proyectos más exitosos de Silicon Valley. Como resultado, el grupo comenzó a ser conocido como «la mafia de PayPal».

¿Qué hace de esta red una fuente tan importante de oportunidades?

Primero, que cada uno de sus miembros posee un gran valor. Esto es fundamental: un grupo solo es tan bueno como cada uno de sus miembros. Una red solo es tan buena como cada uno de sus nodos. Un grupo debe evaluarse a partir de las personas que lo conforman.

Segundo, el grupo tiene algo en común: compartieron una experiencia en PayPal, así como los intereses y valores que los llevaron allí. Las experiencias comunes llevan a la confianza, que a su vez lleva a las personas a compartir información y oportunidades. Todas las redes ricas en oportunidades poseen un denominador común. Quienes concurren a una conferencia comparten un interés por el tema de la conferencia, una congregación de una iglesia comparte la fe, y los miembros de Junto compartían la misma curiosidad intelectual.

Tercero, existe una densidad geográfica. La colaboración funciona mejor cuando la información y las ideas pueden circular rápidamente entre los interesados, idealmente en el mismo espacio físico. Es por eso que Franklin reunió a un grupo de amigos en la misma habitación de Filadelfia y en la misma cafetería de Londres. Es por eso que los Rotary Clubs se limitaban al principio a 12 miembros. Y es por eso que la conferencia en la que Ben y yo nos conocimos tiene lugar en el espacio cerrado de una pequeña ciudad.

Cuarto, hay un fuerte espíritu de cooperación y participación. Para que una red funcione, todos deben querer invertir en esa red aportando información e ideas. En su libro donde explica cómo las empresas de semiconductores de California sobrepasaron a las de Boston en los años ochenta, AnnaLee Saxenian, de la Escuela de Información de la Universidad Central de Berkeley, cuenta que los empresarios de la costa oeste tendían a compartir su información con los demás, incluso con sus competidores, en el espíritu del progreso colectivo. El grupo de PayPal posee una dinámica similar. Sus miembros se mantienen en contacto y colaboran entre sí, incluso en los casos donde existe competencia (por ejemplo, varios inversores de riesgo suelen competir por los mismos contratos).

Una de las oportunidades más grandes de mi carrera fue la posibilidad de comenzar con LinkedIn en 2003. Apenas cinco meses después de que eBay adquiriese PayPal, reuní un grupo de seis personas trabajando a tiempo completo en una oficina. Pude desarrollar el negocio rápidamente gracias a que tenía una red de amigos que operaron como cofundadores, empleados e inversores. Invité a dos antiguos colegas de Socialnet, a un viejo compañero de curso y a un antiguo colega de Fujitsu a cofundar la empresa conmigo. Peter Thiel y Keith Rabois, de la mafia de PayPal, invirtieron en el negocio. Un antiguo colega de PayPal incluso ofreció el primer espacio para las oficinas de LinkedIn. Se trató de una buena inversión en un negocio cuyo lema era «LAS RELACIONES IMPORTAN».

Recapitulemos algunas de las cualidades de la mafia de PayPal: personas de gran valor, un lazo común y un espíritu de cooperación y participación concentrado en una región o sector específicos. Esto genera una gran riqueza en el flujo de oportunidades, y los mismos elementos harán que cualquier red o asociación merezca la pena.

Finalmente, lo único mejor que unirse a un grupo es comenzar uno propio. Crea tu propia mafia, tu propio grupo, reunión o asociación con las características de la mafia de PayPal. Una vez al año organizo algo que llamo «el fin de semana que será recordado», un encuentro de amigos ambiciosos inspirado en las ideas de Franklin para reflexionar sobre las maneras de cambiar el mundo. Desde 2006, Ben promueve un grupo Junto inspirado en el original de Franklin: un par de docenas de amigos (principalmente del sector tecnológico) se juntan con regularidad para conversar. Las reuniones son informales pero orientadas, como las de Franklin, y se llevan a cabo en una atmósfera relajada que promueve la sencillez y la asunción de riesgos intelectuales, y que finalmente conduce a la generación de ideas mejores y más interesantes. Organizar un almuerzo los sábados con un grupo de antiguos colegas de las empresas en las que has trabajado solo puede ofrecer resultados positivos. Y no olvides que cuando eres el creador y el nodo central de un grupo, es como tener un asiento en primera fila en un partido de baloncesto: no te pierdes nada.

Como dice Steven Johnson, «la suerte favorece a las mentes conectadas». Conecta tu mente a la mayor cantidad de redes posible, como hicieron Benjamin Franklin, Joseph Priestley, J. P. Morgan y otros, y estarás un paso más cerca de identificar y aprovechar las oportunidades que pueden cambiar el curso de una carrera.

Empuja

No importa en qué punto de tu carrera te encuentres, habrá momentos en los que te sentirás con la espalda contra la pared; cuando creas que no avanzas hacia ninguna parte; cuando estés escaso de fondos, de aliados o de ambos; cuando nadie llame a tu puerta para invitarte a nada. Este tipo de situaciones requiere de la estrategia más generadora de oportunidades empresariales de este capítulo: empujar. Muchas de las personas que hemos entrevistado para este libro han tenido que empujar en busca de oportunidades profesionales. Por ejemplo, cuando Mary Sue Milliken intentaba conseguir un empleo en Le Perroquet, el lujoso restaurante de Chicago, le escribió una carta al dueño cada tres o cuatro días durante un par de semanas hasta que al fin la contrató (a 3,25 dólares la hora). Mientras en su contrato de trabajo especificaba que debía comenzar a las ocho de la mañana, ella llegaba al restaurante cada día a las cinco y media.[9] Este es el espíritu al que nos referimos cuando hablamos de empujar, y tu habilidad para hacerlo bien puede representar una ventaja competitiva. Los empresarios, siempre actuando rodeados de limitaciones, son los reyes y reinas del empuje, y los mejores ejemplos del empuje en acción.

Sé ingenioso: si no tienes una cama donde dormir, constrúyete una

Corría enero de 2008. Joe Gebbia, Brian Chesky y Nathan Blecharczyk, fundadores de Airbnb, tenían un problema: estaban en quiebra. Habían iniciado «Air Bed and Breakfast» pensando que cualquiera con un colchón de aire, un sofá disponible o una cama extra podría hacer un poco de dinero alquilándolos de forma temporal.

No era una mala idea. Por ejemplo, durante la convención nacional del Partido Demócrata en 2008 en Denver, Colorado, Barack Obama habló ante un estadio repleto de la NFL con 80.000 asientos en una ciudad con 27.000 plazas hoteleras que se agotaron en el acto. A través de Airbnb.com, los residentes de Denver absorbieron el exceso de demanda alquilando a los visitantes lugares donde dormir. Por desgracia, mientras que la utilización del sitio web alcanzaba sus picos durante este tipo de eventos gigantescos, nunca obtuvo las suficientes visitas cotidianas como para convertirse en un negocio rentable. Para cerrar la brecha entre gastos e ingresos, los fundadores alcanzaron los límites de sus tarjetas de crédito y quemaron todos sus ahorros.

Pero seguían creyendo en su proyecto, y querían ganar más tiempo para encontrar una forma de aumentar el negocio. Entonces hicieron lo que cualquier empresario con empuje hubiese hecho: vendieron cereales. Aprovechando la fiebre de las elecciones presidenciales, los fundadores utilizaron sus contactos en la escuela de diseño de Rhode Island y crearon unas cajas de cereales temáticas con las marcas Obama O's («El desayuno del cambio») y Capn' McCains («Un disidente en cada mordisco»). Montaron las cajas en sus cocinas, las llenaron de cereales y las vendieron en internet por 40 dólares la caja. Chesky recuerda a su madre preguntándole «¿Entonces ahora tenéis una compañía de cereales?». No, solo necesitaban dinero, y cualquier forma de conseguirlo era válida. CNN hizo un reportaje sobre los cereales electorales, y no pasó mucho tiempo antes de que vendieran todos los Obama O's, consiguiendo un beneficio neto de 20.000 dólares.

El dinero extra en el banco les brindó el margen de tiempo suficiente para resolver cómo aumentar y mantener los clientes necesarios para obtener beneficios. Y su ingeniosidad impresionó a tantos inversores que pudieron conseguir nuevos fondos, incluyendo una inversión preferente que yo conduje con Greylock. Desde entonces, cientos de miles de viajeros han dormido felices en la cama o colchón de aire de algún anfitrión.

Es difícil captar la esencia de la ingeniosidad, pero la mayoría de nosotros la reconoce en cuanto la ve. Cuando el CEO de Amazon, Jeff Bezos, buscaba una esposa, le dijo a sus amigos que intentaban encontrarle pareja que buscaba una mujer ingeniosa. Pero no la consiguieron. Entonces les dijo: «¡Quiero una mujer que pueda ayudarme a escapar de una prisión del tercer mundo!». Esta vez sí funcionó.[10] De haber sido necesario, los muchachos de Airbnb.com seguramente habrían escapado de una prisión del tercer mundo.

Sé resistente: cuando las personas negativas hablen fuerte, sube la música

Tim Westergren quizá sea la persona más resistente y flexible de todo Silicon Valley. Tuvo la idea de comenzar la radio por internet, Pandora, en 1999, tras enterarse que Geffen Music había despedido a la cantante Aimee Mann de su sello porque no tenía suficientes seguidores dispuestos a pagar por sus discos. Westergren creía que si Aimee Mann fuese incorporada a un directorio en internet junto a otros artistas similares, más populares, sus seguidores aumentarían.

Westergren creó el Proyecto Genoma Musical, en el cual expertos en música analizaban canciones, una a una, en función de 200 a 400 dimensiones, para luego recomendar a los usuarios nuevas canciones y artistas basándose en el parecido con canciones y artistas que estos ya escuchaban. El éxito de Mann «Save Me», por ejemplo, presenta un «uso sutil de las cuerdas» y una «mezcla de tonos clave mayores y menores», por lo que se la empareja en Pandora con «Fallen» de Sarah McLachlan, que presenta una instrumentación similar.

Muchos miraron a Pandora con escepticismo. ¿Cómo conseguirá que los expertos escuchen cientos de miles de canciones y asignen a cada una cientos de características? ¿Cómo negociará con la industria musical para transmitir música con derechos de autor a través de la web? ¿Cómo hacer crecer un negocio en internet entre los escombros del derrumbe de las puntocom? ¡Imposible! Y durante nueve años, los escépticos tuvieron razón.

Westergren creó Pandora durante el primer auge de las puntocom con el dinero de los inversores. Pero cuando la burbuja estalló, se volvió imposible conseguir dinero adicional para mantener la empresa a flote, tomando en cuenta la crisis económica y lo volátil de la industria de la música en internet. Comenzó entonces a reunirse cada dos semanas con sus aproximadamente 50 empleados, rogándoles cada vez que trabajasen gratis otras dos semanas. A finales de 2002, se encontró con una orden de desalojo al llegar a su oficina. A finales de 2003, cuatro antiguos empleados lo demandaron por impago de salarios. En marzo de 2004, tras ser rechazado por los inversores más de 300 veces, convenció a la firma Walden Venture Capital para una inversión de nueve millones de dólares. En 2005, sin conseguir aún dar beneficios, cambió su modelo de negocio para sostenerse en el dinero de la publicidad en lugar de las suscripciones de pago. Esto funcionó hasta marzo de 2007, cuando el Consejo Federal sobre Derechos de Autor incrementó las tarifas que las estaciones de radio por internet debían pagar a las compañías discográficas, lo que aumentó a su vez los costes operativos de Pandora en un 1.000 por ciento. «De la noche a la mañana, estábamos en quiebra. Pensamos en cerrar las puertas», cuenta Westergren.[11] Pero el resistente equipo se asoció con otras radios de internet y puso en marcha un activo lobby en Washington para extender el período de negociación con las discográficas. Los usuarios inundaron el Congreso de correos electrónicos y llamadas telefónicas. Se estima que más de un millón de correos electrónicos y llamadas llegaron a los legisladores oponiéndose al aumento de costes.

En 2009, mucho después de que Pandora fuese relegada al «cementerio» de las nuevas empresas de Silicon Valley, los artistas y las compañías discográficas llegaron a un importante acuerdo sobre beneficios con las emisoras en internet como Pandora, terminando con la disputa. Poco después, David Sze, de Greylock, lideró una nueva inversión en la empresa y se sumó a su consejo de administración.

Para finales de 2010, Pandora contaba con más de 100.000 canciones en su base de datos y presentaba cien millones de dólares de beneficio. La empresa comenzó a cotizar en bolsa en 2011.

Durante casi diez años, Pandora fue golpeada y maltratada por demandas judiciales, legislaciones desfavorables y la amenaza constante de bancarrota. Sin embargo, Tim y su equipo siguieron adelante en su búsqueda de la oportunidad de cambiar la manera en la que la gente descubre y escucha música. La resistencia y la tenacidad los mantuvieron en juego; ambas pueden hacer lo mismo por tu carrera.

Tanto Airbnb como Pandora operaron en algún momento con severas limitaciones presupuestarias. Les faltaba dinero. Les faltaba experiencia. Les faltaban contactos. Les faltaban empleados, patrocinadores, socios. ¿Pero es posible que precisamente estas importantes restricciones hayan incrementado su habilidad para generar oportunidades espectaculares? Potencialmente, sí. Cuando no se poseen recursos, es necesario crearlos. Cuando no se tiene otra posibilidad que luchar, se lucha con fuerza. Caterina Fake, la cofundadora de Flickr, explica que «cuanto menos dinero tienes, cuanto menos recursos y personas tienes, más creativo debes ser». Hay que ser ingenioso o morir. Las nuevas empresas suelen superar a las grandes compañías por esta razón: si Microsoft no empuja durante un año, seguirá contando con miles de millones de dólares en el banco, pero si una nueva empresa no empuja, será su fin. Si deseas descubrir cuán ingenioso puedes llegar a ser, reduce tu presupuesto. Acorta tus plazos. Ve cómo te las arreglas. Todo esto quizá te haga más resistente a los reveses que puedan presentarse.

¿Vender cajas de cereales para financiar una base de datos en internet de sofás y colchones de aire? ¿Inundar el Congreso con millones de correos electrónicos y llamadas telefónicas para oponerte a una ley que significaría la quiebra de tu empresa? Llámalo ingeniosidad, resistencia, agallas o empuje… Como sea, se trata de una forma emprendedora de crear oportunidades en momentos difíciles. El empuje no es algo que puedas estudiar en un libro. Pero sí es algo que puede impulsarte a conseguir lo que deseas. Y como la mayor parte de las otras estrategias empresariales de este libro, cuanto más empujes, más se convertirá en algo natural para ti.

Eric Barker es un hombre cuya carrera ejemplifica el empuje empresarial, y sin embargo nunca ha fundado una empresa ni vivido en Silicon Valley. Tras una década trabajando como guionista de Hollywood, Eric decidió retomar los estudios y obtener un máster en negocios). Había tenido bastante éxito en Hollywood (incluyendo trabajos en grandes estudios, como Disney), pero deseaba mejorar sus aptitudes de gestión. Entonces, en otoño de 2007 se inscribió en la escuela de negocios de la Universidad de Boston, donde hizo un curso completo para después hacer unas prácticas de verano en Nintendo. Al otoño siguiente, comenzó a buscar un trabajo en administración superior.

Fue en ese momento que la economía entró en crisis. Tenía un muy buen curriculum y posgrados de universidades importantes, pero nada parecía importar a la hora de conseguir empleo: todos su potenciales empleadores le decían que necesitaban a alguien con una base más sólida en finanzas. Cinco meses después, sin todavía ninguna perspectiva de trabajo, colgó un anuncio en Facebook dirigido a otros usuarios empleados en cinco empresas: Microsoft, Apple, Netflix, YouTube e IDEO (una consultoría en diseño e innovación con sede en Palo Alto). El anuncio presentaba su fotografía y un pequeño texto en el que ponía: «Hola, me llamo Eric y mi sueño es trabajar en Microsoft. Tengo un MBA/MFA y una sólida experiencia en medios de comunicación. ¿Puedes ayudarme? ¡Haz clic aquí!»

No creía que nadie fuera a responder, por lo que puedes imaginar su sorpresa cuando, a las pocas semanas, encontró su bandeja de entrada repleta de correos electrónicos de desconocidos enviándole mensajes de apoyo y, más importante, nombres de contactos en Microsoft. Pronto, la historia de Eric llegó a la blogosfera. En un giro sorprendente, Eric empujó para llamar la atención… sobre su empuje. Envió más de cien correos electrónicos a diferentes medios de comunicación y blogueros contando la historia de su anuncio colgado en las redes sociales para conseguir empleo. En poco tiempo, fue mencionado en todas partes, desde el *Boston Globe* al *Baltimore Sun*.

Su anuncio fue visto más de 50.000 veces, cliqueado 500 veces, y obtuvo 20 correos electrónicos de encargados de recursos humanos ofreciéndole enviar su curriculum a contactos que buscaban conectarse con él a través de LinkedIn para saber más sobre su persona. Había conseguido mucha atención, seguro, pero ningún empleo. Hasta que en junio de 2009, seis semanas después de colgar su anuncio, cambió su suerte: Eric recibió el tan esperado correo electrónico de un reclutador de Microsoft. Si bien no terminó trabajando en Microsoft (finalmente consiguió un empleo en una empresa de diseño de vídeo gracias a una presentación por parte de uno de sus antiguos profesores de la escuela de negocios), la experiencia le enseñó algo importante. Utilizando una analogía con su antigua profesión, compartió con nosotros la clave que comenzó toda la cadena de acontecimientos: «El departamento de Recursos Humanos es como los soldados de la película *300* manteniendo su posición: no tienen el poder para decir "sí", pero poseen un gran poder para decir "no". Su trabajo es evitar que avances. Encuentra la manera de pasar sobre ellos siendo presentado a las personas que pueden decir "sí". Es lo que hice yo. Empujar».

Las oportunidades revolucionarios van y vienen: si no las aprovechas, las pierdes. Tras el acuerdo entre eBay y PayPal de 2003, yo tenía planeado tomarme un año para viajar. Con el fin de aclararme las ideas y planificar mi año, me tomé primero dos semanas de vacaciones en Australia. Estando allí, reflexioné un poco y llegué a la conclusión de que debía regresar cuanto antes a Silicon Valley y fundar un negocio en internet. Tenía frente a mí una oportunidad que no podía perder. Primero, las condiciones del mercado estaban listas para un cambio. Todavía quedaba mucho por innovar en el consumo en internet, y a la vez muchos empresarios (posibles competidores) estaban atemorizados por el reciente estallido de la burbuja de las puntocom. No se mantendrían alejados por siempre. Además, mi red de contactos era muy sólida tras el éxito de PayPal, y no me tomaría mucho tiempo organizar los recursos necesarios para fundar una nueva compañía.

La lección es que las grandes oportunidades casi nunca se adaptan a tus tiempos. Estaría muy bien que pudieras encontrar un excelente trabajo en el momento en el que comienzas a pensar en dejar tu trabajo actual. Estaría muy bien que esa conferencia tan importante coincidiera con la semana en la que tu jefe está de viaje. Por lo general, la coordinación es imperfecta y compleja, y lo más común es que te encuentres en medio de un plan diferente, como por ejemplo realizar un viaje alrededor del mundo.

Además de ser inconveniente, es probable que la oportunidad que encuentres o generes esté teñida de ambigüedad e incertidumbre. Con frecuencia, no estará del todo claro si esa oportunidad es mejor que otra. Quizá estés tentado de «mantener abiertas tus opciones» y seguir dándole vueltas a las cosas, en lugar de comprometerte con la oportunidad revolucionaria que crees haber identificado o generado. Eso sería un error. «Mantener abiertas tus opciones» implica por lo general un riesgo mayor que comprometerte con un nuevo plan de acción.

Muchos fracasos en los resultados pueden ser atribuidos a que las personas intentan mantener sus opciones abiertas. Como me dijo una vez mi padre, «Tomar una decisión reduce las oportunidades en el corto plazo, pero las aumenta en el largo plazo». Para avanzar en tu carrera, debes comprometerte con oportunidades concretas como parte de un plan evolutivo, a pesar de tus dudas y a pesar de los inconvenientes.

Si no es ahora, ¿cuándo?

Invierte en ti mismo

A partir de mañana:

- Dedica un tiempo al azar. Selecciona un día de la semana siguiente para leer un libro que no habrías leído, invitar a un colega de otro departamento a comer o acudir a una charla o seminario en un campo diferente pero cercano al tuyo.
- Invita a la persona más curiosa que conozcas a comer e intenta contagiarte de su capacidad de asombro.

Durante la semana siguiente:

- Elige un evento de una industria o una conferencia sobre ideas a la que acudir en los próximos seis meses. Reserva tu entrada y tu transporte para dicho evento.
- Reserva un día próximo para convertirlo en el «día del sí». Di que sí todo el día y observa la *serendipia* que surge de ello.
- Las oportunidades van unidas a las personas. Identifica a las personas de tu red que siempre parecen estar metidas en cosas interesantes. Intenta comprender qué las convierte en receptáculos de oportunidades y decide conocer gente con las mismas características.

Durante el mes siguiente:

- Crea tu propio grupo o asociación. Quizá un encuentro regular para comer, o simplemente una única reunión; lo importante es convocar amigos para compartir ideas y recursos. Comienza un *wiki* o utiliza los grupos o eventos de LinkedIn para organizar y compartir los detalles.
- Suscríbete a revistas como *Wired* o *MIT Technology Review* y otras por el estilo: suelen ofrecer una idea de lo que vendrá. Identifica a aquellos amigos que adoptan más rápidamente las nuevas

tecnologías. ¿Para qué? Para entender cómo las tendencias tecnológicas, económicas o sociales pueden crear nuevas oportunidades.

Inteligencia en red

Mantén una conversación explícita con tus aliados sobre cómo colaborar para encontrar, generar y explotar las mejores oportunidades. Dile a tus aliados que si te encuentras frente a una buena oportunidad, harás todo lo posible por incluirlos en ella.

6

Asume riesgos inteligentes

El riesgo suele tener mala fama. Lo asociamos con cosas como perder dinero en la bolsa o andar en moto sin casco. Pero el riesgo no es un enemigo, sino una parte constante de la vida. Ser proactivo en forma inteligente respecto al riesgo es un prerrequisito para aprovechar las oportunidades revolucionarias de las que hablábamos en el capítulo anterior. Mucha más gente disfrutaría de oportunidades revolucionarias si solo se tratase de explotar redes, perseguir la *serendipia* y ser ingenioso. La realidad es que hacer estas cosas es por lo general necesario pero rara vez suficiente. Existe una *competencia* por las buenas oportunidades, y es por ello que, si puedes asumir riesgos con inteligencia, encontrarás oportunidades que otros no. Donde los demás vean una luz roja, tú verás una verde.

En el contexto de una carrera, los «riesgos» representan los inconvenientes de una decisión o acción dada, así como la posibilidad de que dichos inconvenientes realmente ocurran. Por lo tanto, las situaciones de riesgo son aquellas en las que el nivel de riesgo supera un cierto umbral. Por ejemplo, volar en el avión de una compañía aérea importante no es arriesgado, ya que si bien un accidente es una perspectiva nefasta, las posibilidades de que ocurra son muy bajas. Por otra parte, las ventajas de un transporte rápido son significativas. Existe un riesgo al subirse a un avión, pero este es tan bajo que los vuelos comerciales no son arriesgados.

Algunos empresarios tienden a asumir riesgos irracionales: son aventureros dispuestos a arriesgarlo todo en busca de algún sueño loco. Pero lo que separa a los grandes emprendedores del resto no es una alta tolerancia al riesgo en sí, sino su habilidad para evaluarlo y gestionarlo con criterio. Ellos persiguen estratégicamente solo las oportunidades con suficientes ventajas como para justificar sus posibles desventajas. Esta es una de las aptitudes clave que hacen a un empresario exitoso.

El riesgo es la otra cara de cualquier oportunidad o cambio en una carrera. Cuando George Clooney buscó con decisión una audición y se ofreció para trabajar en *Urgencias*, estaba asumiendo un riesgo: la serie podría haber sido un sonoro fracaso. Comunicar a tu jefe un problema que tengas con un colega, implica el riesgo de quedar mal parado ante él. Negociar un salario más alto acarrea el riesgo de parecer codicioso. Trabajar como freelance en paralelo conlleva el riesgo de bajar el rendimiento en tu trabajo de todos los días. «Si no estás de verdad preocupado por los riesgos que conllevan tus decisiones estratégicas, entonces no es una estrategia», afirma Reed Hastings, de Netflix. Esto se aplica tanto a las carreras como a los negocios. Si no necesitas pensar seriamente sobre el riesgo incluido en una oportunidad de carrera, probablemente no se trate de la oportunidad revolucionaria que estás buscando.

La presencia constante del riesgo es la razón por la que un Plan A de carrera necesita ser acompañado de un Plan B y un Plan Z. Por supuesto, el riesgo no está limitado a las actividades relacionadas con tu carrera. Cualquier acto implica un riesgo, incluso actividades habituales como ir a correr al parque o vivir en un mundo donde hay armas nucleares y terremotos. Incluso no hacer nada implica un riesgo. Una persona enferma que decide no ver a un médico está corriendo un riesgo al no hacer nada. La inacción es especialmente arriesgada en un mundo que exige adaptabilidad (recuerda, por ejemplo, la industria automotriz norteamericana).

Todos asumimos riesgos, pero no todos lo hacemos con la misma inteligencia. Muchas personas creen que la estabilidad en una carrera se consigue minimizando los riesgos. Pero irónicamente, en un mundo cambiante esa es una de las actitudes más arriesgadas que se puede tener. Otros piensan que tomar en cuenta los inconvenientes de una acción es signo de debilidad: «¡El fracaso no es una opción!» puede sonar bien en una película, pero no es algo acertado a la hora de formular una estrategia. En lugar de evitar el riesgo, si asumes riesgos inteligentes obtendrás una ventaja competitiva.

Evaluar y gestionar los riesgos

Aprender a evaluar con precisión el nivel de riesgo de una situación no es fácil, por varias razones: Primero, el riesgo es algo tanto personal como circunstancial. Lo que quizá sea arriesgado para ti puede no serlo para otro. Hay personas para las cuales dejar un trabajo sin haber conseguido otro es un riesgo inaceptable, mientras que para otras es una posibilidad concreta. Hay personas que pasan meses sin ingresos para poder fundar sus propias empresas, cuando otras ni soñarían con ponerse en una situación en la que no tuviesen garantizado un salario fijo y unos beneficios.

Más aún, el riesgo es dinámico. Tú estás cambiando, la competencia está cambiando, el mundo está cambiando. Lo que hoy es un riesgo para ti, quizá no lo sea dentro de un mes, un año o cinco años. ¿Dónde está el riesgo en buscarle las cosquillas a tus colegas si estás presionando agresivamente para ocupar un papel principal en un proyecto determinado? Eso dependerá de factores imprecisos en constante movimiento. Si acabas de conseguir un aumento y de ascender en el escalafón, por ejemplo, es una ecuación diferente que si acabas de comenzar en tu trabajo. Nada es universalmente arriesgado ni carente de riesgo: es una cuestión de grados, y varía enormemente dependiendo de la situación y de tu personalidad.[1]

Evaluar los riesgos siempre es difícil, pero no imposible. Los empresarios lo hacen cada día, pero no utilizan elaborados modelos de análisis como los que encontramos en Wall Street. Tampoco lo harás tú. No existe ninguna fórmula matemática que pueda capturar las probabilidades y evaluar los resultados de un nuevo negocio dinámico, por no mencionar el negocio que es tu carrera. Es imposible cuantificar los pros y los contras de cada oportunidad. Siempre te enfrentarás a limitaciones temporales y a limitaciones de información. Además, tu intuición está plagada de sesgos cognitivos que se interponen ante una evaluación racional. Por ello, existen algunos principios que hay que tener en cuenta para ayudarte a evaluar y gestionar el verdadero riesgo que conlleva una oportunidad.

EN CONJUNTO, PROBABLEMENTE NO SEA TAN ARRIESGADO COMO CREES

La mayoría de las personas sobrevaloran los riesgos. En esencia, los seres humanos estamos programados para evitar el riesgo. Hemos evolucionado de esta manera porque para nuestros ancestros era más costoso desconocer los signos de un depredador (riesgo) que desconocer los signos del alimento (oportunidad). El neuropsicólogo Rick Hanson lo explica así: «Para mantener vivos a nuestros ancestros, la Madre Naturaleza hizo evolucionar su cerebro para que los llevase constantemente a cometer tres errores: sobrevalorar las amenazas, subestimar las oportunidades e infravalorar los recursos (para enfrentarse a las amenazas y aprovechar las oportunidades)». El resultado es que hemos sido programados para sobrevalorar los riesgos ante cualquier situación.[2]

Los palos consiguen nuestra atención mucho más rápido que las zanahorias. Los psicólogos llaman a esto *sesgo de negatividad*, y se manifiesta constantemente en la vida cotidiana. Una advertencia severa de no trabajar con alguien provoca una impresión mucho más fuerte que una brillante recomendación. La ansiedad sobre cómo tu jefe reaccionará ante una propuesta original superará la esperanza optimista de que quedará impresionado por tu trabajo.

Sobrevalorar las amenazas y evitar las pérdidas puede ser una buena estrategia para cumplir con el frío mandato de la evolución y pasar nuestros genes a futuras generaciones. Pero no es la forma de aprovechar al máximo esta vida. Para llevar adelante una vida importante y vigorosa, necesitas trabajar para superar el sesgo de negatividad. El primer paso es recordarte a ti mismo que los inconvenientes de una situación probablemente no sean tan malos ni tan inconvenientes como parecen.

¿El peor escenario posible es tolerable o intolerable?

En las muchas investigaciones sobre el riesgo, sorprendentemente muy pocas analizan de verdad cómo las personas de negocios toman decisiones en el mundo real. Una de las excepciones es el estudio realizado por el profesor Zur Shapira en 1991. En él, pidió a 700 ejecutivos de alto nivel de Estados Unidos e Israel que describiesen cómo pensaban el riesgo frente a diferentes escenarios. Los resultados representan una decepción para los arquitectos de complicados modelos de decisión. Los ejecutivos consultados no calculaban el valor matemático esperado de los diferentes escenarios, ni escribían largas listas de pros y contras. En cambio, intentaban resolver una simple pregunta de sí o no: ¿Serían capaces de tolerar el resultado si este fuera el peor escenario posible? En consecuencia, lo primero que necesitas plantearte ante una posible oportunidad es: si ocurre el peor escenario posible, ¿seré capaz de mantenerme dentro del juego? Si el peor escenario posible es una seria mancha en tu reputación, o una pérdida total de tus activos económicos, o alguna otra forma de fin de carrera, no asumas el riesgo. Si el peor escenario posible es que te despidan, que pierdas un poco de tiempo o dinero, o simplemente que no te sientas a gusto, mientras tengas un sólido Plan Z a mano, siempre podrás mantenerte dentro del juego y serás capaz de asumir el riesgo.

¿PUEDES CAMBIAR O REVERTIR TU DECISIÓN A MITAD DE CAMINO? ¿TU PLAN B ES FACTIBLE?

Las empresas de consultoría gerencial por lo general ofrecen a los analistas pagarles una escuela de negocios a cambio de un compromiso de dos años para trabajar en ellas después de la graduación. Los analistas que aceptan la propuesta están realizando un compromiso total de cuatro años: dos años de estudios y dos en la empresa. Comprometer cuatro años de tu vida es más arriesgado que tomar decisiones de carrera que te permitan cambiar a un Plan B si decides que algo no funciona o si se presenta alguna oportunidad revolucionaria. Entonces, al evaluar los riesgos y darte cuenta de que has cometido un error, ¿puedes revertir fácilmente tu decisión? ¿Puedes pasar a un Plan B o un Plan Z con cierta rapidez? Si la respuesta es no, la oportunidad es más arriesgada y debe ser considerada con mayor precaución.

Michael Dell abandonó la Universidad de Texas para crear Dell Computer. Pero en aquel entonces su nueva empresa no era un éxito seguro, por lo que gestionó los riesgos cubriendo todas las opciones. En lugar de abandonar definitivamente la universidad, solicitó un año sabático formal, con lo que si su empresa no funcionaba, siempre podría retomar sus estudios sin problemas.[3] Dell asumió un riesgo prudente que conservó intactas sus opciones de revertir su decisión y pasar a un Plan B.

NUNCA ESTARÁS DEL TODO SEGURO. NO CONFUNDAS LA INCERTIDUMBRE CON EL RIESGO

Siempre existirá incertidumbre frente a las oportunidades de carrera y los riesgos: la incertidumbre es uno de los ingredientes del riesgo. Y mientras más irresistible y compleja sea la oportunidad, más rodeada de incertezas se encontrará. Es imposible saberlo todo sobre los posibles pros y contras de todas las situaciones. De la misma manera que no deseas hacer jugadas de carrera con un cero por ciento de información, tampoco necesitas esperar hasta tener el ciento por ciento de la misma. De ser así, esperarías por siempre. La incertidumbre nos incomoda, pero no tiene por qué significar que algo es arriesgado. Irse de vacaciones a Hawaii sin un itinerario planificado supone muchas incertidumbres sobre lo que sucederá, pero no es particularmente arriesgado. Después de todo, ¿cuáles son las posibilidades de pasárselo mal en Hawái? Cuando Sheryl Sandberg llegó a Silicon Valley desde Washington, tenía muchas incertidumbres (¿California será un buen lugar para criar una familia? ¿Cómo se vería afectada su reputación si Google terminaba siendo un fracaso?). Si hubiera considerado todos los factores desconocidos asociados a entrar en un nuevo sector como un verdadero riesgo, nunca habría entrado en Google y se habría perdido una oportunidad revolucionaria. Cuando no queda claro si algo funcionará, muchos tienden a evitarlo. Pero las mejores y más grandes oportunidades son por lo general aquellas que más dudas generan. No dejes que la incertidumbre te lleve a sobrevalorar los riesgos.

TEN EN CUENTA TU EDAD Y TU MOMENTO. ¿CUÁLES SERÁN LOS RIESGOS DENTRO DE UNOS AÑOS?

Tu edad y el momento de tu carrera influyen en los niveles de riesgo. Por lo general, los inconvenientes de un fracaso son menores cuantos menos años tienes. Si te equivocas en la veintena y la treintena, tendrás mucho tiempo para recuperar tanto tus finanzas como tu reputación. Tienes a tus padres y tu familia para ayudarte a ponerte nuevamente en pie. Es menos probable que tengas hijos, o una hipoteca. De la misma forma en que los consejeros financieros recomiendan a los jóvenes invertir en acciones antes que en bonos, es importante ser agresivo al asumir riesgos de carrera mientras eres joven. Esta es la razón principal por la que muchos jóvenes crean empresas, viajan alrededor del mundo o realizan otras «jugadas de carrera» relativamente arriesgadas: los inconvenientes son menores. Si algo que vale la pena implicará más riesgos en cinco años que ahora, sé más agresivo para hacerlo ya. A medida que envejeces y posees más activos, tu tolerancia al riesgo cambia.

BUSCA OPORTUNIDADES DONDE OTROS CONFUNDEN LOS RIESGOS

Habrá momentos en los que cuando algo es arriesgado para otros no lo es para ti, debido a que tus características particulares y las circunstancias se traducen en un análisis diferente. Pero también habrá momentos en los que personas como tú (personas con activos y aspiraciones similares que operan dentro de las mismas realidades del mercado) percibirán algo como más arriesgado de lo que realmente es. Esto genera una posibilidad para que vayas en busca de una oportunidad que tus pares, equivocadamente, evitarán.

Warren Buffett tiene un lema: «Sé temeroso cuando otros son ambiciosos, y ambicioso cuando otros son temerosos». Para él esto representa una ventaja competitiva. Durante la crisis financiera de 2008, Buffet compró acciones baratas cuando la mayoría de los estadounidenses estaban asustados y vendían. En la Bolsa, consigues hacer dinero cuando crees algo que los demás no. Compras una acción porque crees que su precio aumentará en el futuro. Los vendedores de esa acción creen que su precio será más bajo en el futuro. En el mercado de las inversiones, como en tantas otras cosas, obtienes un gran éxito cuando vas contra la corriente y a la vez tienes razón.

Ir contra la corriente y tener razón sobre la toma de riesgos significa que no te limitas a saltar sobre las oportunidades evidentes de gran riesgo y gran recompensa. En cambio, debes buscar oportunidades que implican un riesgo menor del que creen tus pares, y aún así representan una gran recompensa.

Las oportunidades de carrera o situaciones de este tipo más frecuentes incluyen:

- *Empleos que pagan menos dinero pero ofrecen un gran aprendizaje.* Las personas se preocupan por los activos tangibles fácilmente cuantificables, como por ejemplo cuánto dinero ganan. Los empleos que ofrecen menos sueldo pero más aprendizaje suelen descartarse como demasiado arriesgados.
- *Empleos de media jornada que son menos «estables» que los de jornada completa.* Una cierta dosis de volatilidad es menos problemática de lo que las personas creen. De hecho, es algo bueno, como veremos en la siguiente sección. Muchos empleos de media jornada y pequeños contratos son descartados por inferiores a los empleos de jornada completa, pero en realidad son una excelente forma de desarrollar las aptitudes y las relaciones que pueden ayudarte a cambiar a un amplio espectro de Planes B.
- *Contratar a alguien sin mucha experiencia pero que aprende rápido y resulta más barato.* Se trata de un riesgo medio con un alto potencial de recompensa: quienes aprenden rápido compensan su inexperiencia, y suelen ser infravalorados en el mercado.
- *Una oportunidad en la que los riesgos son muy publicitados.* Gracias a nuestro sesgo de negatividad innato, mientras más escuchamos hablar de los inconvenientes de algo, más probable es que sobrevaloremos la posibilidad de que lo malo efectivamente suceda

(es por esto que las personas tienden a incrementar su miedo a volar después de que un accidente aéreo sea anunciado en primera plana). Si los medios de comunicación u otras personas de nuestro sector hablan mucho de los riesgos de determinado trabajo u orientación profesional, probablemente no sea tan arriesgado como la mayoría cree.

Puedes encontrar oportunidades con una dinámica favorable de riesgos/recompensas en áreas que conoces bien y donde el cálculo de riesgo de tus pares puede estar errado. Por ejemplo, los nuevos empresarios suelen entrar en pánico durante una recesión, dejando de lado su idea de un nuevo negocio porque consideran que será más difícil recaudar dinero o hacer que los consumidores lo gasten, y piensan que un empleo en una corporación es más seguro en tiempos difíciles. Los empresarios experimentados saben que en realidad comenzar un negocio en una economía en recesión conlleva menos riesgos de lo que la gente piensa, precisamente porque otras personas están asustadas por el riesgo. Cuando creas una empresa durante una recesión, te enfrentas a menos competencia en la búsqueda de talento, del dinero de los consumidores, de la atención mediática, etcétera. Muchas grandes empresas como Microsoft o FedEx comenzaron en los peores momentos de una recesión. El que tantos empresarios perciban los momentos de recesión como de alto riesgo, los convierte de hecho en poco arriesgados.

Después de todo, ¿cuáles son las situaciones en las que a la vez te encuentres en una posición privilegiada y cuentes con una gran cantidad de información para evaluar los riesgos?

Los riesgos a corto plazo incrementan la estabilidad a largo plazo

Por lo general se piensa que ciertas carreras son más riesgosas que otras. En 2003, en un documento titulado «Riesgo y elección de carrera», dos economistas calculaban los niveles de riesgo del trabajo en diferentes sectores, en función de la regularidad del flujo de ingresos y los niveles medios de desempleo de las personas que seguían esas carreras.[4] Se referían a las fluctuaciones de ingresos, incluyendo las rachas de desempleo, como «sacudidas». Según su análisis, las carreras más riesgosas (con sacudidas más severas) eran el comercio, el entretenimiento y las ventas. Las menos riesgosas (con sacudidas menos severas) incluían la educación, la salud y la ingeniería. Otra forma de expresar lo mismo es que las carreras riesgosas eran consideradas como más inestables, y las menos riesgosas como más estables. Estos resultados cuadran con el sentido común: las personas que huyen del riesgo pueden ser profesores o médicos (o abogados, o banqueros), mientras que aquellos que asumen riesgos pueden crear empresas o probar suerte en el mundo del espectáculo. ¿Pero es correcto pensar esto?

La paradoja de la inestabilidad: los pequeños fuegos previenen grandes incendios

En su libro *El cisne negro*, Nassim Taleb escribe sobre los acontecimientos de alto impacto inesperados y poco frecuentes. El ataque terrorista del 11 de septiembre, el crac de la bolsa de 1987 o el tsunami en el océano Índico de 2004 fueron cisnes negros. Era imposible predecirlos, en principio tenían pocas posibilidades de ocurrir, y tuvieron un gran impacto. En su excelente libro *La era de lo impensado*, Joshua Cooper Ramo, un amigo, afirma que debemos prepararnos para ver más cisnes negros a lo largo de nuestra vida. Ramo cree que el número de disrupciones impensadas en el mundo está en aumento, en parte porque nos encontramos tan interconectados a nivel global que una pequeña perturbación en cualquier lugar puede provocar un severo trastorno en todas partes. Cuando la economía asiática o europea tambalea, también lo hace la estadounidense. Cuando hay agitación política en Medio Oriente, los precios del combustible se disparan. La fragilidad es el precio que pagamos por un mundo hiperconectado en el que todos los puntos flojos son optimizados fuera del sistema.

La economía, la política y el mercado laboral del futuro sufrirán muchas sacudidas inesperadas. En este sentido, el mundo del mañana será más como el Silicon Valley de hoy: caos y cambio constante. ¿Significa esto que debes intentar evitar esas sacudidas orientándote a carreras de baja inestabilidad como la salud o la enseñanza? No necesariamente. La forma de conseguir una gestión inteligente del riesgo es aumentar tu resistencia a las sacudidas persiguiendo esas oportunidades que tienen cierta cuota intrínseca de inestabilidad. Retomando un argumento popularizado por los ecologistas que estudian la resistencia, Taleb sostiene que mientras menos inestable es el entorno, más destructivo será el cisne negro cuando ocurra. Los entornos estables solo ofrecen una ilusión de estabilidad: «Las dictaduras que parecen estables, como Siria o Arabia Saudita, enfrentan un riesgo mayor de caos que por ejemplo Italia, ya que esta última se encuentra en constante agitación política desde la Segunda Guerra Mundial».[5] Ramo explica por qué: Italia es resistente al peligro del caos porque ha absorbido los frecuentes ataques como «pequeños fuegos controlados en un bosque, limpiando la suficiente maleza como para hacerse invulnerable a un gran incendio».[6] Estos pequeños fuegos refuerzan la capacidad del sistema político para responder a crisis inesperadas. Siria, Corea del Norte o Birmania no tienen pequeños fuegos; un incendio allí puede convertirse rápidamente en una catástrofe devastadora. En el corto plazo, una baja volatilidad significa estabilidad. Pero en el largo plazo, la baja volatilidad lleva a un aumento de la vulnerabilidad, ya que hace al sistema menos resistente a las sacudidas externas impensadas. Es por estas razones que el economista de Chicago, Raghuram Rajan, declaró en el simposio de la Reserva Federal en 2005 que «quizá el presidente Greenspan es culpable de haber permitido solo dos pequeñas recesiones durante su mandato».[7] Sin las suficientes pruebas de esfuerzo en el sistema económico, este se vuelve peligrosamente frágil ante un gran incendio.

Esta paradoja (un alto nivel de riesgo a corto plazo conduce a un bajo nivel de riesgo a largo plazo) también se aplica a las carreras profesionales. En el pasado, cuando se hablaba de empleadores estables, se pensaba en IBM, HP o General Motors, todas ellas compañías inquebrantables que llevan en Estados Unidos mucho tiempo y emplean a cientos de miles de personas. En algún punto de su historia, todas tenían políticas de facto (o incluso más explícitas) sobre empleo de por vida. Imagina lo que sucedió entonces cuando las realidades del mercado obligaron a estas compañías a dejar telegramas de despido sobre los escritorios de miles de empleados. Imagina lo que debe de haber sido para alguien que pensaba que trabajaría toda su vida en HP: su capacidad, su experiencia y su red de contactos estaban todas inextricablemente ligadas a su empleador. Y de repente: ¡BUM!, desempleado.

Mientras los empleadores de hoy en día ya no ofrecen trabajos de por vida (el pacto entre empleadores y empleados, como mencionamos al principio, se ha desintegrado por completo), algunos sectores todavía ofrecen una cierta apariencia de estabilidad: es relativamente difícil ser despedido, los salarios no fluctúan demasiado y las responsabilidades del trabajo se mantienen firmes. Estas son las carreras consideradas menos riesgosas: funcionario público, educación, ingeniería o salud. Pero compara a alguien que trabaje a tiempo completo como funcionario público con un agente inmobiliario independiente. El agente inmobiliario no sabe cuándo llegará su próxima paga, tiene buenos y malos períodos, debe empujar para construir una red de clientes y mantenerse al día con los cambios del mercado, sus ingresos son irregulares, y los grandes golpes (como vender una casa de millones de dólares) lo mantienen a flote. El funcionario público, por el contrario, recibe siempre el mismo salario y una promoción cada tantos años, y nunca falta la comida en su mesa…, hasta que llega un día en que el sistema de pensiones quiebra, o los recortes de presupuesto eliminan su departamento. En ese momento, está perdido. Será incapaz de recuperarse, porque a diferencia del agente inmobiliario, no tiene idea de cómo lidiar con los malos períodos.

También puedes comparar a un director editorial de una prestigiosa revista con un redactor freelance. El director editorial de la revista disfruta de un flujo de ingresos seguro, trabajo regular y una red incorporada. El escritor freelance debe empujar cada día en busca de trabajos, y algunos meses son mejores que otros. El director editorial está siempre bien alimentado, mientras el redactor freelance pasa hambre ocasionalmente. Pero llega un día en que la edición impresa finalmente desaparece, el sector de la edición de revistas colapsa y el director editorial es despedido. Como carece de resistencia, pasará hambre. Está menos preparado para pasar a otra cosa, mientras que el redactor freelance lleva toda su vida de un lado al otro y no tendrá mayores problemas. Entonces, ¿qué carrera es más arriesgada a largo plazo, en esta era de lo impensable?

Sin una toma de riesgos frecuente y controlada, te estarás condenando a una fractura mayor en algún punto en el futuro. Vacunarte contra los grandes riesgos es como vacunarte contra el virus de la gripe: inyectando una pequeña porción de gripe en tu cuerpo en forma de vacuna, serás capaz de sobrevivir a una gran epidemia de gripe. Al introducir una regular volatilidad en tu carrera, podrás sobrevivir a las sorpresas. Ganarás «la habilidad de absorber las sacudidas con elegancia».[8]

Ciertas orientaciones laborales implican en sí una volatilidad frecuente (como los trabajos independientes o la creación de empresas). En otros empleos, será necesario que introduzcas sacudidas y trastornos por ti mismo. La forma de hacerlo es implementando las estrategias de creación de oportunidades que mencionamos en el capítulo anterior (la oportunidad y el riesgo son dos caras de la misma moneda): crear y unirte a grupos, estar en movimiento, asumir proyectos paralelos, empujar. En síntesis, debes decir «sí» con más frecuencia. ¿Qué sucedería si dijeras «sí» durante todo un día? ¿Y durante una semana? Si dices sí a la invitación a una conferencia a la que no pensabas asistir, ¿escucharás un comentario que encienda tu imaginación para un nuevo negocio, o una nueva relación, o una nueva búsqueda? Quizá. ¿Podrá conducirte también a caminos sin salida, percances o pérdidas de tiempo? Seguro. Pero ambas posibilidades son, de hecho, positivas: podrás beneficiarte tanto de una oportunidad fortuita como de la resistencia que construyas si no obtienes nada inmediato.

Pretender que puedes evitar el riesgo te lleva a perder oportunidades que podrían cambiar tu vida. También te conduce a un patrón de vida peligrosamente frágil, dejándote expuesto a una gran explosión en el futuro. Es más, nunca podrás predecir exactamente cuándo te enfrentarás a un punto de inflexión o cualquier otro acontecimiento que amenace tu carrera. Cuando eres resistente, puedes ir en busca de las grandes oportunidades sin preocuparte tanto por las posibles consecuencias de tropiezos inesperados. Para el negocio que eres tú, la única respuesta a largo plazo frente al riesgo es la resistencia.

Recuerda: si no encuentras el riesgo, el riesgo te encontrará a ti.

Invierte en ti mismo

A PARTIR DE MAÑANA:

• Reflexiona por un momento sobre el riesgo en tu vida. Clasifica en función del riesgo los proyectos en los que te encuentras envuelto, del más al menos riesgoso. Luego piensa en las ventajas e inconvenientes concretos de sus posibilidades y asegúrate de que no estás exagerando el riesgo global. ¿No estarás calificando como riesgo lo que solo es incertidumbre?

DURANTE LA SEMANA SIGUIENTE:

• Identifica y asume riesgos que sean aceptables para ti pero que otros prefieran evitar. ¿Te sientes bien teniendo menos dinero ahorrado y aceptando un empleo mal remunerado pero en el que puedes aprender mucho? ¿O quizá aceptando un contrato de renovación mensual en oposición a otro de mayor duración? Busca un proyecto que implique este tipo de riesgos. Te diferenciará de los demás.

DURANTE EL SIGUIENTE MES:

• Prepara un plan para incrementar la volatilidad a corto plazo en tu vida. ¿Cómo puedes asumir proyectos (o un nuevo empleo) que implique más altibajos y una mayor incertidumbre?

• Reconsidera tu Plan Z. ¿Sigue siendo viable? Si tu Plan A fracasara, ¿seguirías siendo parte del juego? Consulta a tus mentores en tu red para que te ayuden a pensar cómo superar las contingencias.

Inteligencia en red

Mantén conversaciones honestas con tus aliados y otros contactos de confianza sobre el tipo de riesgos que son capaces de asumir.

Conocer su evaluación del riesgo te permitirá ayudarlos más eficaz-
mente. También recuerda que si tu estimación de los riesgos ante
una oportunidad va contra la corriente, otras personas serán reti-
centes frente a esta. ¡Comprueba cuánto va tu idea contra la corriente observando cómo reacciona tu red de contactos ante ella!

7

A quién conoces es cuánto sabes

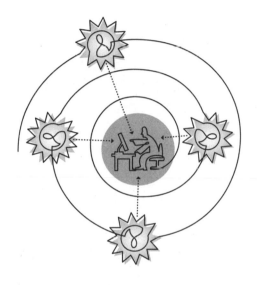

Diez años atrás, Bill Gates escribió: «La forma más significativa de diferenciar tu empresa de tus competidores, la mejor manera de distanciarte de la multitud, es realizar un excelente trabajo con la información. *Cómo reúnes, gestionas y utilizas la información determinará si vences o eres derrotado.*»[1] Todavía hoy, esta afirmación no podría ser más cierta. Sin embargo, la manera en que la sociedad nos ha enseñado a pensar en la información y el conocimiento es totalmente insuficiente. El sistema educativo nos entrena para memorizar hechos almacenados en libros de texto y luego regurgitarlos en un examen. Esta concepción enciclopedista del aprendizaje trata al conocimiento como un activo fijo: ¡aprende, y te durará por siempre! Pero como profesional moderno, no puedes acceder al conocimiento de esta manera, puesto que el conocimiento que requieres no es estático sino que no cesa de cambiar. No puedes abarrotar tu cerebro con toda la información relevante que podría ser de utilidad en tu carrera para luego utilizarla el día del examen. En el mundo del trabajo, cada día es día de examen, y presenta nuevos desafíos impredecibles y decisiones que tomar. Acumular datos no te llevará a ninguna parte. Lo que sí te servirá es tener la capacidad de acceder a la información que necesitas cuando la necesites.

Enfrenta los desafíos profesionales con inteligencia en red

Los empresarios enfrentan las cuestiones cotidianas en el manejo de su empresa acumulando información: información practicable y oportuna para todas las facetas de su negocio, incluyendo las tendencias del sector, las oportunidades, las actividades de sus competidores, las opiniones de sus clientes, los jóvenes talentos prometedores y las tendencias de las ventas. En un negocio, la información funciona como un GPS.

Necesitas información para llevar adelante el negocio que eres tú. Los capítulos precedentes deben haber generado en tu mente preguntas como estas: ¿Cuán deseables son mis aptitudes en un mercado cambiante? ¿Cómo puedo saber cuándo cambiar a un nuevo nicho? ¿Cuáles son las mejores oportunidades de trabajo y cómo puedo aprovecharlas? No se trata de preguntas sencillas, y sin duda no son preguntas que puedas responder tras pensar unos minutos o llenar una hoja de cálculo. Tú también necesitas información de negocios para enfrentar estos desafíos.

La forma de obtenerla es conversando con la gente de tu red. Son las personas las que te ayudan a comprender tus activos, tus aspiraciones y las realidades del mercado. Son las personas las que te permiten investigar y ser presentado a posibles aliados y conexiones de confianza. Son las personas las que te facilitan la comprensión del riesgo que entraña una oportunidad. Yo^{Nos} es la fórmula para reunir el tipo de información que te ayudará a enfrentar los desafíos profesionales.

Lo que obtienes al escuchar las ideas de otras personas es lo que se llama *inteligencia en red*. En los libros, revistas y buscadores encontrarás mucha y muy buena información, pero tu red es por lo general la mejor (y a veces la única) fuente capital de información. Un libro no podrá decirte qué aptitudes necesitas para triunfar en determinado nicho del mercado. Una revista no podrá ayudarte a sopesar los riesgos de cruzar medio mundo por un trabajo. Un buscador no podrá presentarte las redes que ofrecen oportunidades revolucionarias. Pero tu red sí puede.

Cuentas con una red repleta de información desde el momento en que tienes amigos. Pero hasta hace muy poco, conseguir esta información requería tiempo: tareas intensivas de mantenimiento de un fichero rotativo, envío de correspondencia y encuentros personales. Las redes de contactos y la interconexión estaban relacionadas con la búsqueda de empleo, porque utilizar una red resultaba tan costoso en términos de tiempo y esfuerzo que solo se hacía por asuntos realmente importantes, como encontrar un trabajo. Pero ahora es fácil y barato acceder a la información saltando entre nuestros diferentes contactos. Con todo el mundo conectado, los costes operativos de utilizar tu red de contactos son tan bajos que tiene sentido obtener información de esta no solo para los grandes desafíos de una carrera (como conseguir un buen trabajo), sino para un amplio espectro de cuestiones cotidianas.

Las personas que conocimos en los capítulos anteriores hacían uso de sus redes de forma cotidiana a medida que avanzaban en sus carreras. Cuando Sheryl Sandberg trabajaba para Larry Summers en el Banco Mundial, este recuerda haberle pedido investigar los posibles efectos de un rescate económico en la Rusia de 1917. «Lo que muchos estudiantes habrían hecho», comentaba Summers a Ken Auletta del *New Yorker*, «es ir a la biblioteca, hojear algunos libros de historia rusa y decir que no estaban seguros de que hubiese sido posible. Lo que hizo Sheryl fue llamar a Richard Pipes [un historiador de Harvard especializado en la revolución rusa] y entrevistarse con él durante una hora mientras tomaba notas.»[2] Con estas notas, consiguió impresionar a Summers al día siguiente.

Ante todo, tu red de contactos es una fuente indispensable de información porque las personas ofrecen opiniones personales e impresiones que nunca aparecerían en un espacio público como el *Wall Street Journal* o el boletín informativo de tu empresa. Solo un colega puede ofrecerte pistas sobre los rasgos de personalidad de tu jefe. Solo un amigo que trabaje en otra empresa puede contarte sobre un puesto de trabajo que aún no ha sido anunciado.

En segundo lugar, las personas ofrecen consejos personales y contextualizados. Tus amigos y conocidos conocen tus intereses y pueden adecuar su información y consejos a ellos. Por ejemplo, si intentas analizar los pros y los contras de aceptar un trabajo que conlleva una baja significativa en tus ingresos, las personas que te conocen podrán evaluar si eres o no capaz de vivir una vida más austera. Luego de que Sheryl Sandberg dejara el Banco Mundial, no realizó una búsqueda en Google para decidir cuál sería su siguiente paso. En cambio, llamó a Eric Schmidt, CEO de Google, y le pidió su consejo.

En tercer lugar, las personas pueden filtrar la información que consigues de otras fuentes. Pueden decirte qué libros leer, qué partes de un artículo son importantes, qué resultados de búsqueda ignorar, qué personas son confiables y cuáles no. La gente te ayuda a concentrar tu atención en la información relevante y práctica. En la era del exceso de información, se trata de un beneficio invaluable.

Finalmente, muchas personas simplemente razonan mejor cuando lo hacen con otros. Recuerda el **Yo^{Nos}**: el poder de un individuo aumenta exponencialmente con la ayuda de una red. Esto se debe en parte a que cuando la información circula entre personas informadas a quienes les importa, la señal se refuerza. Dos (o más) mentes bien coordinadas siempre son más que una.

Alcanzar la alfabetización en red

Durante siglos, la alfabetización se refirió a la capacidad de leer y escribir. Quienes podían leer libros (y escribirlos) eran los dueños del poder en la sociedad. Pero entonces llegó internet, multiplicando masivamente la cantidad de información creada e indexada cada día. El poder cambió a manos de aquellos que, además de saber leer y escribir, también podían abrirse camino entre millones de bits y encontrar la mejor información en la web. El autor John Battelle llama a esto *alfabetización de búsqueda*: la capacidad de ingresar los términos de búsqueda indicados, navegar en un océano de resultados y seguir los vínculos que llevan a la mejor información.

Hoy, incluso la alfabetización de búsqueda ya no es suficiente. La mayor ventaja la proporciona la *alfabetización en red*: saber cómo conceptualizar, acceder y beneficiarse de la información que circula a través de una red social. Revisemos las técnicas que necesitas conocer para sacar lo mejor de tu red y convertirte en un alfabeto en red.

Cómo extraer información de tu red

Durante el terremoto y tsunami de 2011 en Japón, el Centro de Alerta de Tsunamis del Pacífico operado por la Administración Nacional Oceánica y Atmosférica (NOAA) en Honolulú, Hawái, funcionó a toda máquina. El sistema funciona mediante una red de sensores ubicados en 39 estaciones en el fondo de los océanos a lo largo del Pacífico, el Atlántico y el Golfo de México. Cuando un sensor señala que el nivel del agua en su sector excede los niveles normales durante más de 15 segundos, el sistema comienza a transmitir la información a satélites en pequeños intervalos. Esta información es enviada a científicos especializados que la utilizan para determinar si se está produciendo un tsunami, y de ser así, establecer su magnitud y su dirección para poder alertar a las regiones que se verán afectadas.

Durante aquel día de marzo, los datos comenzaron a llegar desde los sensores ubicados en las estaciones del océano Pacífico de la NOAA. La información fue transmitida al Centro de Alerta de Tsunamis del Pacífico, donde los científicos la analizaron y lanzaron una serie de alertas.[3] Tal y como se predijo, unas horas después del terremoto las olas golpearon la costa de Waikiki en Honolulú, un lugar que suele estar abarrotado de bañistas. Pero gracias a las órdenes de evacuación producto de las tempranas alertas de la NOAA, para cuando las olas llegaron a la costa todo el mundo había sido evacuado.[4]

El sistema de alertas de tsunamis de la NOAA funciona porque obtiene lecturas de múltiples estaciones. Si hubiera apenas unos pocos sensores en medio del océano Pacífico, los científicos no serían capaces de calcular la dirección del tsunami o de saber si la fuerza y la velocidad de la ola van en aumento. Pero con información fluyendo desde múltiples sensores en múltiples ubicaciones, los científicos pueden comparar y combinar la información para llegar a una gran variedad de conclusiones, incluyendo cuándo esperar el arribo de la ola a la costa.

La información dentro de tu red de personas se distribuye y recopila de la misma manera. Tus colegas, las personas de tu sector, los aliados y conocidos son como sensores que retransmiten los diferentes bits de información. Trabajan en compañías diferentes, poseen intereses distintos, viven en otras ciudades… De la misma forma en que un único sensor no puede decir mucho sobre la trayectoria de un tsunami, los comentarios, opiniones o consejos de una sola persona no son suficientes para tomar una decisión sobre la dirección de tu carrera. Pero si conciertas y comparas los múltiples flujos de información como hacen los analistas que vigilan los tsunamis en Hawái, la combinación de sus perspectivas producirá una abundante información.

En diciembre de 2009, la editorial para la que trabajaba Iris Wong[5] sufrió una de las más grandes reorganizaciones de su historia, y las seis divisiones que la componían fueron reducidas a cuatro. A pesar de que solo fueron despedidas unas pocas decenas de personas y de que Iris no estaba entre ellas, temía que la reorganización fuera un signo de que lo peor estaba aún por llegar. Iris se preguntaba si existiría trabajo para los editores subalternos en un futuro próximo. ¿Debía renunciar ahora, o agachar la cabeza, trabajar duro e intentar capear el temporal? No lo sabía. Entonces, conversó informalmente con otros colegas. Pero estos estaban tan afectados como ella por los recientes eventos, y solo podían imaginar escenarios catastróficos que Iris no sabía si debía tomarse en serio.

Entonces llamó a un amigo con un alto cargo en una compañía discográfica, un sector que sabía que estaba enfrentando desafíos similares a los del sector editorial. Su amigo le advirtió de que las grandes reestructuraciones como la que acababa de vivir eran por lo general signo de futuras consolidaciones y despidos. Después de todo, a menos que haya un cambio en el modelo de negocios de una empresa, las medidas a corto plazo como las reducciones presupuestarias y los despidos no solucionan los verdaderos problemas.

Luego llamó a su padre, que había trabajado durante décadas en Wall Street y fue testigo de muchas fusiones, adquisiciones y reestructuraciones, y por lo tanto conocía los signos. Le dijo que se fijara en los siguientes detalles: los directivos por lo general se escondían tras puertas cerradas, las grandes reuniones eran pospuestas o canceladas y los ejecutivos de las oficinas centrales aparecían de visita. Pronto estas cosas comenzaron a suceder en la editorial. Además, siendo su padre, él sabía que Iris era una persona por lo general ansiosa, y se sentiría muy mal trabajando en un entorno donde temía que cada día fuera el último.

Entonces Iris comenzó a pensar en un Plan B, y contactó con todos los escritores, editores y colegas que conocía pidiéndoles consejos sobre un nuevo camino en su carrera. Una respuesta de un antiguo colega llamó su atención: ¿Por qué no explotar sus aptitudes editoriales para trabajar en prensa y en marketing de medios sociales en una empresa de relaciones públicas? Su antiguo colega conocía a alguien a quien podría llamar, y unas semanas más tarde una pequeña empresa creó un nuevo puesto especialmente para ella. Pocos meses después, la editorial para la que había trabajado volvió a sufrir nuevas reestructuraciones y muchos empleados de su rango fueron despedidos.

Si Iris no hubiese recurrido a su red en busca de consejo y de contactos, probablemente se habría quedado por pura inercia en su trabajo y terminaría golpeada por un tsunami profesional. En cambio, transformó un potencial punto de inflexión en una oportunidad para cambiar a otra área de su sector.

La inteligencia en red no es solo útil en tiempos difíciles. Es necesaria en los buenos y en los malos momentos, y es por ello que debemos acudir constantemente a nuestras redes en busca de flujos de información de todo tipo, desde oportunidades de empleo hasta tendencias del mercado, pasando por cambios en las dinámicas laborales. ¿Pero cómo determinar quién posee la información que necesitas en un momento determinado, y cómo proceder para extraer dicha información de la forma más eficaz?

PREGUNTA A TODA TU RED

Como vimos en la historia de Iris, existen dos formas básicas de obtener información de tu red de contactos: 1) haciendo preguntas orientadas a determinadas personas de tu red (como cuando Iris llamó a su amigo en el negocio discográfico y luego a su padre), y/o 2) buscando ampliamente en una franja más vasta de tu red en un solo movimiento (como hizo cuando envió un correo general a todos sus amigos escritores y editores). La tecnología facilita esta última opción. Por ejemplo, hace poco una mujer en nuestra red extendida quería saber si era apropiado hablar de salario en la primera entrevista de trabajo. Lanzó entonces una encuesta en su red de LinkedIn (véase página siguiente). Una pregunta general y relativamente amplia como la presentada a continuación es más fácil de abordar en un correo electrónico general o en una encuesta entre la red social debido a que mucha gente posee experiencia relevante (muchos han negociado sus salarios y pueden ofrecer anécdotas útiles). De esta manera, accedes a una muestra numerosa y a un amplio abanico de puntos de vista. Además, plantear una pregunta de esta forma invita a la conversación. Así, consigues los beneficios no solo de muchas perspectivas diferentes, sino también de un diálogo y una interacción con dichas perspectivas.

¿Es apropiado hablar del salario en la primera entrevista?

Sara K. Pennington − 1.043 votos − Quedan 8 días

○ Sí, sin duda
○ Depende de la situación
○ No, es inapropiado

Votar o Ver resultados

Comentario   Seguir comentarios ☆

Creo que hay que seguir la corriente. Debes ofrecer algunas pistas sobre cuáles son tus expectativas y llevar la conversación hacia las respuestas que estás buscando. Algunas personas pueden hacerlo bien, y otras necesitan preguntar directamente.

Don   Hace 18 horas − Marcar comentario   Votó: Depende de la situación

Estoy de acuerdo con Ming Wei-Hung. La responsabilidad de la búsqueda debe tenerla el demandante del empleo. Para eso están las redes (por ejemplo LinkedIn). El salario está basado en el tipo de sector, la posición ofrecida y el lugar de trabajo. Un gerente de banco en Boise ganará menos que un gerente de banco en Nueva York, pero quizá su empleo sea mejor. Haz los deberes, no pierdas el tiempo yendo a la entrevista de una empresa que no podrá pagarte lo que deseas. Debes saber lo que se necesita tener para poder solicitar el salario que deseas. La entrevista es tu oportunidad de promover lo que vales para la empresa, incluyendo tus conocimientos del sector, de la empresa y de sus competidores.

Kevin

Hace 19 horas − Marcar comentario   Votó: No, es inapropiado

ORIENTA TUS PREGUNTAS ESPECÍFICAS A INDIVIDUOS CONCRETOS

Algunas preguntas son demasiado privadas o específicas para hacerlas a todo el mundo. En estos casos, necesitas dirigirte a unos pocos individuos que deberás seleccionar con cuidado. Por ejemplo, cuando Ben y yo buscábamos un editor para este libro, no planteamos nuestras preguntas a toda nuestra red ni enviamos correos electrónicos generales a toda nuestra libreta de direcciones. Por el contrario, buscamos el consejo de apenas un puñado de personas que o ya habían publicado un libro o se dedicaban a publicar libros sobre temas específicos.

Probablemente ya hagas esto por puro instinto. Quizá tengas un amigo al que acudes con frecuencia porque es bueno explicando lo que sucede realmente con la economía (como es para mí Peter Thiel). O quizá conozcas a alguien que es muy bueno entendiendo a la gente y los sentimientos, y a quien acudes para que te aconseje en tus relaciones o a la hora de enfrentar desafíos interpersonales (como Stephen Dodson es para Ben). Todos tenemos ciertas personas a las que acudimos para obtener consejo o información sobre ciertos temas, pero no todo el mundo sabe a quién acudir dentro de su red de contactos en busca de información a la hora de tomar decisiones relacionadas con su carrera.

Una forma de orientarse es dividiendo a la gente que conoces en tres categorías (que pueden superponerse):

1. *Los especialistas.* Son los profesionales, las personas que realmente conocen el tema en cuestión. ¿Tienes una pregunta sobre cómo negociar tu salario? Pregúntale a tu amigo abogado que ha negociado millones de contratos.

2. *Las personas que te conocen bien.* Tu madre, o tu amigo de la infancia, quizá no estén al tanto de los últimos acontecimientos de tu sector, pero tienen una idea clara de tus prioridades, tu personalidad y tu historia personal. Pueden ayudarte a despejar los sentimientos confusos y a veces incluso pueden intuir cómo te sientes ante los posibles resultados de tu decisión.

3. *Las personas simplemente inteligentes.* Estas personas quizá no sean expertos en el área específica que necesitas y puede que no te conozcan tan bien. Pero a veces una gran capacidad analítica puede resultar muy útil. Al menos, lo que diga un extraño muy inteligente probablemente sea muy diferente de lo que cualquier otro pueda opinar.

Por norma general, cuando necesites información de tu red de contactos, o cuando te enfrentes a la necesidad de tomar una decisión, comienza por preguntar a los especialistas, y después habla con las personas con las que mantienes relaciones cercanas. Si después de esto no estás satisfecho, o si necesitas otra perspectiva, entonces dirígete a las personas realmente inteligentes. Iris Wong habló con su padre solo después de conversar con un amigo con años de experiencia en un sector similar al suyo. Si por ejemplo deseas entrar en el sector de la hostelería, consulta a algunas personas en dicho sector (sin importar cuán bien los conoces) para hacerte una idea general de tus posibilidades. Quizá necesites pedir a alguien de tu red de contactos que te presente a los especialistas (en el capítulo 4 encontrarás información sobre tu red extendida). Luego, solicita a tus aliados más cercanos y a los que te conocen bien que te ayuden a priorizar las opciones y decidir lo que mejor te corresponda.

Si mantienes una red que sea a la vez amplia y profunda, tendrás muchas opciones de ambos tipos con los que hablar. Recuerda que la amplitud permite conocer a personas que provienen de diferentes sectores, lugares, formaciones, orientaciones políticas, etcétera. Entre tanta diversidad (incluyendo los contactos de segundo y tercer grado), seguramente encontrarás especialistas en diferentes esferas. Una red profunda te permite mantener un grupo de relaciones cercanas con personas que te conocen bien.

Las redes sociales en internet facilitan estas tareas al mantenerte al tanto de a quién conoces y qué es lo que ellos conocen, lo que posibilita apuntar a ciertos contactos de forma más eficiente. Por ejemplo, en LinkedIn puedes clasificar tus contactos para ver a todos los que conozcas que trabajan en determinado sector o viven en un lugar determinado.

Cuando nos preguntábamos a quién pedirle que leyese el manuscrito de este libro, lo primero que hicimos fue buscar en nuestras redes de LinkedIn. Allí encontré especialistas a los que también conocía profesionalmente buscando entre mis contactos de primer grado y utilizando la palabra clave «autor» (esta es otra razón por la que debes escribir un perfil profesional detallado: es más probable que te encuentren en las búsquedas por palabra clave). Por otra parte, realicé una búsqueda con la clave «estrellas», que mostraba a las personas que yo había señalado como muy inteligentes (sin importar su procedencia). Ben hizo lo mismo en su red de contactos, y entre estas personas elegimos unas pocas a las que solicitar su opinión.

HAZ BUENAS PREGUNTAS

Charlene Begley ascendió por el escalafón de General Electric durante más de veinte años, pasando por diferentes cargos de auditoría, diseño de motores para aviación, dispositivos y locomotoras de transporte. Ahora es una alta ejecutiva en las oficinas centrales de la compañía. «En todos estos ámbitos, aprendes tanto como puedes tan rápido como puedes, y necesitas provocar un impacto de inmediato», afirma Begley cuando se le pregunta cómo pudo desempeñarse en cargos tan diferentes. «El secreto en realidad no lo es tanto: necesitas hacer muchas preguntas.»[6]

Hacer muchas buenas preguntas es también el secreto de la inteligencia en red. Puede parecer evidente, pero si no planteas tus dudas de una forma que generen respuestas útiles, no servirá de nada.

Aquí tienes algunas pistas sobre cómo hacer mejores preguntas:

- *Conversa, no interrogues*. Un ida y vuelta enérgico genera la información más útil. Si estás hablando con un mentor o alguien de posición claramente superior, quizá lo más apropiado y lo que se espere de ti es que hagas una pregunta tras otra. Pero cuando hablas con tus aliados y tus pares, debes ofrecer ideas propias como recurso para mantener una verdadera conversación. Ofrece información a la otra persona y la empujarás a corresponderte. Entonces, aunque busques la mayor cantidad de información útil posible, no actúes como un periodista entrevistando a tus pares. Mantén un intercambio equitativo y abierto: a la larga, la información que circule será más útil.

- *Ajusta la mira*. Un ejemplo simple de la distancia entre una pregunta general y una específica es la diferencia entre preguntar a un arquitecto «¿Cuán importante es un posgrado para alguien interesado en la arquitectura?» y preguntar «¿Cuál es la reputación del posgrado en arquitectura de la Universidad de Cornell?» La pregunta general puede provocar una interminable perorata sobre cómo la persona se sintió estafada por un programa de posgrado muy costoso que no ofreció los resultados profesionales prometidos. Por el contrario, la pregunta específica invita a una respuesta concreta y por lo general ceñida a los hechos sobre el aspecto determinado al que la pregunta refiere y nada más: «Sí, Cornell está entre los diez mejores posgrados de arquitectura». Cuando intentes tomar una decisión, haz preguntas generales para comprender los criterios en los que deberías basarte, y haz preguntas específicas para comprender el peso que deberías otorgar a cada uno de ellos. Por ejemplo, pregunta a los especialistas de un sector: «¿Qué debería tener en cuenta al analizar los pros y los contras de esta oportunidad?». Luego, una vez que hayas acotado tus criterios, pregunta a un grupo más reducido (incluyendo a las personas que conoces bien) sobre información específica de los factores X e Y.

- *Formula y prepara.* Numerosos estudios muestran que la manera en que una cuestión es formulada o preparada determina la manera en que será respondida. Entonces, para obtener una información de la mayor calidad posible, necesitas formular la misma pregunta de varias maneras. Pregunta «¿Cuáles son las tres cosas más importantes que hiciste cuando trabajaste en la empresa en la que estoy por comenzar?». Luego pregunta a la misma persona «¿Cuáles son las tres cosas que no pudiste hacer y hubieras querido?». Es posible que obtengas una información más útil con la formulación negativa: apoyarse en lo que se lamenta genera respuestas más honestas y útiles. Otra manera de preparar a quien va a responder es ofrecer algunos ejemplos de respuesta para mostrar el tipo de réplica que estás buscando. «¿Cuáles te parecen los pros y los contras de la formación en arquitectura? Por ejemplo, ¿una ventaja sería ampliar mi red de arquitectos?». Al ofrecer el tipo de respuesta que sería útil, invitas a una respuesta con el mismo nivel de especificidad.

- *Investiga y sondea.* Es poco frecuente obtener la mejor información de una persona con una sola pregunta. Investiga y sondea las palabras clave. Si alguien dice «Trabajar en Microsoft es muy arriesgado», pregunta qué quiere decir con «arriesgado». Si responde «No hay demasiada seguridad laboral», insiste con qué quiere decir con «no demasiada». Sigue escarbando hasta que las respuestas más profundas comiencen a tomar forma. Algunas personas dudan en hacer demasiadas preguntas porque temen quedar como ignorantes. No es así; te hará parecer alguien curioso e inteligente a la búsqueda de información valiosa.

Finalmente, recuerda que si eres capaz de formular una pregunta directa y detallada, ya has avanzado en tus reflexiones y te encuentras más cerca de una respuesta. En el caso de preocupaciones más generales y espinosas, a veces resulta difícil articular una pregunta específica. Quizá haya algo que te preocupa ligeramente pero que no puedes poner en palabras. Algo no va bien en mi trabajo. ¿Qué sucede? Incluso si no puedes traducir aquello que te atormenta en palabras, tu red puede todavía desempeñar un papel valioso a nivel informativo, pero esto requiere de procesos más personales. Para cuestiones más vagas e imprecisas, aborda a la gente en encuentros cara a cara e intenta dilucidar las cuestiones en conversaciones largas.

SERENDIPIA DE OCASIONES

Como planteamos en el capítulo 5, la *serendipia* interviene cuando estás en movimiento, cuando haces cosas. La *serendipia* en la inteligencia en red ocurre en las mismas circunstancias: cuando te conectas con la gente. Si te mantienes comunicado y primero en la lista, puede que alguien te reenvíe un correo electrónico con información relevante simplemente por estar pensando en ti. Y nunca sabes qué ideas pueden surgir en una conversación casual con una persona en una reunión social. La información surgida de la *serendipia* es una de las razones por las que las nuevas empresas de tecnología se instalan en Silicon Valley a pesar de la intensa competencia que allí existe por destacarse y captar talentos y recursos.

De la misma forma en que puedes hacer cosas para convocar la *serendipia*, también existen maneras de promover una *serendipia* en la información. Ten en mente una serie de preguntas generales que puedes hacer a las personas en esta clase de situaciones o escenarios. Una pregunta de este tipo puede ser tan genérica como «¿Qué es lo más interesante que has aprendido en los últimos meses?» (el economista Tyler Cowen formula esta pregunta a Ben cada vez que se encuentran), o tan específica como «¿Te has topado con algún empresario o alguna nueva empresa formidable en que pueda invertir?» (yo pregunto esto a cualquiera del ecosistema empresarial en conversaciones casuales). Nunca sabes cuándo estas preguntas pueden llevarte a algo interesante.

Hoy en día, cada vez surge más y más inteligencia en red producto de la *serendipia* en internet. Cuando navegas por fuentes de noticias en LinkedIn o Facebook, no estás necesariamente buscando algo en particular, pero quizá te topes con un artículo interesante sobre tu sector, o descubras que un antiguo colega ahora trabaja en una empresa en la que tú quieres trabajar, o te enteres de que un amigo comenzó un negocio del que te gustaría formar parte.

Por otra parte, mantenerte conectado en Amazon, LinkedIn, Yahoo, Facebook, Yelp, Google y otros «tonos de llamada», como los denomina el CEO de Zynga, Mark Pincus, puede ayudarte a personalizar tu información obtenida de la *serendipia*. Si entras en CNN. com encontrarás los artículos que compartieron entre sí tus amigos de Facebook. Si revisas la lista de «Las 100 mejores empresas donde trabajar» de la revista *Fortune*, encontrarás junto a cada empresa un listado de tus contactos de LinkedIn hasta el tercer grado que trabajan en ella, permitiéndote concentrarte en las empresas donde ya tengas un pie dentro. En lugar de algún editor anónimo o un algoritmo que diga a millones de lectores qué es importante o significativo, el ascenso de las redes sociales permite que tus contactos de confianza actúen como filtros de información.

Finalmente, extraer estos elementos relevantes de tu red de contactos incrementa las posibilidades de encontrarte con información surgida de la *serendipia*. Publica un artículo, envía una cita por correo electrónico, o reenvía una oferta de trabajo; con estas y otras acciones, estarás compartiendo pequeños regalos con tu red de contactos. Tus amigos lo apreciarán, e incrementarás tus posibilidades de que esas mismas personas respondan de la misma forma y en el futuro te envíen a ti diversas informaciones.

Sintetiza la información en conocimientos prácticos

Tras diez años trabajando en finanzas y en bancas de inversiones internacionales, Catherine Markwell quería abandonar su rutina. La cultura de las finanzas era tan fuerte que en el momento en el que cerrabas un trato, se suponía que debías lanzarte a por el siguiente, y así sucesivamente. Para ella no estaba claro que todos aquellos negocios estuviesen mejorando el mundo. Deseaba hacer algo que tuviese más sentido. Conseguir un trabajo que tenga sentido es el deseo común de muchas personas, pero transformar esta voluntad en algo que pague las cuentas es un verdadero desafío. Los amigos de Catherine la apoyaron en su intención de llevar su experiencia en los negocios a un sector sin fines de lucro. Ella sentía curiosidad, pero dejar las finanzas para entrar en un área donde no tenía experiencia alguna ni contactos parecía una tarea titánica.

Numerosas personas en su situación se habrían quedado donde estaban. Mucha gente inteligente tiene tendencia a analizar en exceso las cosas y en consecuencia termina paralizada por la indecisión frente a este tipo de encrucijadas, pero Catherine era lo suficientemente despierta como para saber que no podría enfrentar esta decisión sola.

Una de las primeras personas a las que llamó fue Hale Boggs, su abogado de cuando trabajaba en el sector bancario. Hale conocía bien a Catherine, sabía que era ambiciosa pero que en el fondo también era muy precavida. Entonces, le aconsejó que adquiriese algo de experiencia trabajando en una organización sin fines de lucro ya existente antes de intentar crear una fundación que pudiera triunfar al nivel que ella pretendía. Catherine estuvo de acuerdo, y comenzó a buscar trabajo en organizaciones bien establecidas, como la Cruz Roja.

Al mismo tiempo, Hale presentó a Catherine a su amigo e inversor Tim Draper, esperando que Tim pudiese encontrar oportunidades sin fines de lucro. Resultó que, en efecto, Tim sabía de una buena oportunidad… en su propia organización. Un par de años atrás, Tim había creado una pequeña fundación llamada BizWorld en el piso de debajo de su compañía de inversiones en Menlo Park. El objetivo de BizWorld era contagiar la pasión emprendedora a estudiantes de escuelas primarias del mundo entero. Era una idea valiosa, pero Tim no tenía tiempo de llevarla adelante. Así, propuso a Catherine convertirse en la CEO de la fundación.

A Catherine le encantó el concepto, ya que los negocios, las finanzas y el espíritu empresarial eran elementos que la entusiasmaban. Además, dirigir una fundación ya existente significaba enfrentarse a las responsabilidades que buscaba mientras planificaba la creación de su propia organización, y a la vez le daba la posibilidad de aprender en un operativo que ya estaba en marcha. El único problema que se presentaba era que debía congeniar con el único fundador y financista, Tim.

Investigar, verificar referencias y obtener información sobre otra persona es algo que los empresarios hacen cada vez que contratan a alguien, igual que lo hace cualquier profesional muchas veces a lo largo de su carrera. Cuando te mueves dentro de una red de contactos, posees incluso la capacidad de realizar las mismas investigaciones sobre las personas para las que vas a trabajar, como tu potencial jefe. Cuando realizas la verificación de jefes, organizaciones, posibles colegas de trabajo o personas que debes contratar, hay una fuente de información que se impone sobre cualquier otra: las demás personas. Las personas pueden ofrecer análisis honestos y matizados sobre la capacidad y el carácter de otros, cosa que los curriculums o las búsquedas en Google o Wikipedia no pueden brindar. Catherine era consciente de esto, por lo que recurrió a su red de contactos para conocer todo lo posible sobre Tim. Envió correos electrónicos a empresarios, inversores y proveedores de servicios en Silicon Valley, todos especialistas en el campo en el que Tim actuaba. Contactó a las personas que lo conocían bien y a los que no lo conocían. Consultó con gente que suponía le hablarían bien de él, pero también buscó a aquellos que le ofrecerían una visión más crítica. «Por aquel entonces, en internet no había mucha información sobre Tim», comenta Catherine al explicar cómo reunió información a través de su red. «En las cosas escritas sobre él en la prensa no encontraba un análisis en profundidad de la persona que yo estaba buscando. Entonces, llamé y escribí a muchas personas diferentes planteando las mismas preguntas.»

Las respuestas que obtuvo de su red de contactos le dieron una valoración positiva de Tim y de la oportunidad que representaba BizWorld. Catherine decidió aceptar la oferta en marzo de 2003. Relanzó con éxito la fundación, clarificó sus objetivos, sumó nuevos programas y amplió el personal. Casi una década después, sigue trabajando felizmente allí y su sociedad con Tim se mantiene fuerte. Catherine siente que aporta más al mundo hoy de lo que jamás había aportado en sus tiempos en la banca.

Lo interesante de esta historia es que Catherine nunca habría tomado la decisión que tomó si no hubiese sintetizado la información de sus diferentes fuentes. Si solo hubiese hablado con Hale Boggs, probablemente habría terminado trabajando para la Cruz Roja. Si no hubiese recolectado información sobre Tim Draper, quizá habría llegado a la conclusión que trabajar de forma tan estrecha con un completo desconocido era demasiado arriesgado. Pero cuando reunió los diferentes flujos de información que había recibido, estos le revelaron un cuadro más amplio, que finalmente la llevó a tomar la decisión correcta.

Recuerda que los científicos de la NOAA no pueden predecir un tsunami basándose en un único sensor en el océano. Para poder llegar a un resultado, 1) reúnen las lecturas de múltiples sensores a lo largo del Pacífico y del Atlántico; 2) analizan toda la información que reciben; y 3) sintetizan los diferentes flujos de datos para comprender cómo encajan las piezas en el cuadro de la situación.

Hasta ahora hemos hablado del primer paso: conseguir información de las diferentes personas de tu red de contactos. Una vez que has obtenido dicha información, el siguiente paso es analizar la validez, la utilidad y la relevancia de lo que cada persona ha dicho. Recuerda que todo el mundo es parcial, incluso tus padres o tu mejor amigo. No quiere decir que todos intenten manipularte, simplemente se trata de la naturaleza propia del ser humano con experiencias e intereses personales. La parcialidad puede ser evidente o no, consciente o no. Cuando un amigo que obtiene una bonificación por aconsejar nuevas contrataciones en su empresa te anima con entusiasmo a solicitar un empleo allí, ofrece una parcialidad transparente y relativamente inofensiva. Los amigos que te alientan a tomar decisiones de carreras similares a las que ellos tomaron presentan una parcialidad más oculta y de la que quizá no son conscientes, por lo que resulta un poco más peligroso. Cuando obtienes información y consejo de diferentes fuentes, piensa en los objetivos personales, ambiciones y experiencia de la persona solicitada que puedan haber influido en su postura. La parcialidad no es una razón para descartar una información o un consejo, simplemente es algo que debes tener en cuenta en tu análisis (como hizo Iris Wong cuando se preguntó si debía interpretar las opiniones de sus colegas de trabajo como cinismo o ansiedad extrema).

La síntesis es el último paso importante. Si no tomas distancia y observas el cuadro general de todo lo que has aprendido, será como si te pasearas por una reunión social escuchando fragmentos de conversaciones sin ser capaz de extraer nada sustancial. Sintetizar lo aprendido implica conciliar los consejos e informaciones contradictorios (lo que es inevitable al solicitar múltiples flujos de información de muchas personas diferentes), ignorar aquello que consideres inadecuado y sopesar claramente la información de cada persona. Se trata de un proceso cognitivo bastante complejo. Por ahora, nos limitaremos a decir que cuando se trata de información, una buena síntesis es lo que hace que el todo valga más que la suma de sus partes.

Cuando Catherine Markwell reunió los comentarios de su red de contactos sobre cómo iniciar una carrera en el sector sin fines de lucro, se le dijo que debía trabajar en una fundación ya existente antes de crear una propia. Era un buen consejo, y decidió seguirlo. Entonces se le presentó (a través de su red) una oportunidad para relanzar una fundación aún en pañales. De esta forma no ganaría experiencia en una entidad establecida como la Cruz Roja, como le había sugerido un amigo, pero estaría entrando en el mundo de las organizaciones sin fines de lucro en un puesto que le brindaba un nivel de control cercano al que tendría si comenzara su propio proyecto. No ignoró por completo el consejo de trabajar en la Cruz Roja, simplemente lo confrontó con sus otras oportunidades, contextualizándolo en el marco de toda su información. Eso es síntesis.

Reunir una buena inteligencia en red es difícil. Cualquiera puede leer un libro o un blog, o hablar con personas al azar en su oficina o su barrio. Pero es más complicado identificar a las personas adecuadas con las que hablar en función de cada tema, hacerles las preguntas que provoquen respuestas lo más útiles posibles y sintetizar el conjunto de un modo significativo. La inteligencia en red es el estado avanzado del juego: si lo haces bien, te ofrecerá una ventaja competitiva.

En última instancia, solo tú puedes tomar la decisión final sobre si la oportunidad merece la pena, si es necesario cambiar a un Plan B, si determinado individuo es un aliado de confianza o si algo es adecuado para ti. Yo^{Nos} significa que tu red puede ayudarte a tomar una decisión y también a que avances deprisa, pero solo tú puedes dar impulso al proceso.

Invierte en ti mismo

A PARTIR DE MAÑANA:

- Ajusta tu flujo de informaciones de LinkedIn para asegurarte de que te ofrezca la información más útil. Elige qué tipo de actualizaciones deseas recibir de tu red. Entra en *Señalar* (linkedin.com/ signal) y guarda búsquedas sobre temas relevantes.
- Si utilizas Twitter, ¿estás siguiendo a las personas que deberías? Revisa tu lista y añade o elimina según sea necesario.

DURANTE LA SEMANA SIGUIENTE:

- Haz un cuadro sobre en quién confías en función de diferentes temas. Distribuye tus contactos entre especialistas, personas que te conocen bien y personas que quizá no posean conocimientos específicos pero que son inteligentes. ¿Quién es la persona a la que debes consultar en temas tecnológicos? ¿A quién debes contactar para conversar sobre un problema personal con un colega de trabajo?
- Haz una lista de las dos o tres cosas más importantes en las que estás pensando actualmente, y ten preparadas algunas preguntas al respecto para sacarlas a colación en futuras conversaciones.
- Comparte un artículo por semana a través de una lista de correos electrónicos, seguidores de Twitter, contactos de LinkedIn o amigos de Facebook. Recuerda que ofrecer información interesante a tu red de contactos incrementa las posibilidades de que otras personas te envíen información valiosa.

DURANTE EL MES SIGUIENTE:

- Programa tres comidas para las próximas semanas: una con una persona más o menos ajena a tu sector, otra con un viejo amigo al que no has visto por un tiempo y otra con una persona de un sector cercano cuya carrera admires. Hazlo incluso si no te encuentras ante una cuestión importante o un desafío en tu carrera. Explora temas generales y ajenos a lo cotidiano. Una conversación interesante puede llevar a veces a información producto de la *serendipia*.

• Conviértete en alguien a quien acudir para otras personas de tu red alrededor de ciertos temas. Haz saber a tus contactos tus intereses y tus aptitudes publicando en blogs y mediante correos electrónicos, o creando grupos de discusión. Cuando las personas acuden a ti en busca de información, obtienes simultáneamente información por parte de ellas.

Conclusión

Naciste siendo empresario.

Sin embargo, eso no es garantía de que vayas a vivir como tal. Los instintos necesitan cuidado. El potencial necesita desarrollarse. Tú puedes tomar el control de tu vida y aplicar aptitudes empresariales a cualquier trabajo que hagas. La pregunta es: ¿Lo harás?

El mundo moderno exige que así sea. Vivimos en una economía conectada, en movimiento y competitiva. El cambio constante y la incertidumbre hacen ineficaz cualquier estrategia tradicional de carrera. La escalera mecánica profesional está detenida para siempre. El pacto entre empleados y empleadores está desapareciendo, y la competencia por las oportunidades es feroz.

Recuerda que el «tú» de *El mejor negocio eres tú* funciona a la vez como singular y plural. Si bien se nos presentan numerosas estrategias individuales para manejarnos en esta nueva realidad, tu red de contactos es capaz de amplificarlas: el poder del Yo^{Nos} es lo que te permite sobrevivir y prosperar. Los profesionales globalmente competitivos trabajan dentro de redes sólidas. Como hemos visto, los aliados ayudan a desarrollar una ventaja competitiva, a realizar una planificación ABZ, a perseguir oportunidades revolucionarias, a asumir riesgos inteligentes y a acceder a la inteligencia en red. Necesitas asumir el control de tu carrera, pero también necesitas invertir en las carreras de los otros miembros de tu red que podrán ayudarte y a quienes tú ayudarás a su vez.

Además de ti y de la red que te rodea, existe un entorno más amplio que da forma al potencial de tu carrera: la naturaleza de la sociedad en la que vives. Si la cultura local, las instituciones y la población no llevan a cabo una vida empresarial, las estrategias para que el mejor negocio seas tú apenas pueden desarrollar una mínima porción de su verdadero potencial.

Un empresario que intenta construir un negocio en una sociedad insalubre es como una semilla en una maceta a la que nunca se riega: no importa lo talentoso que sea ese empresario, su negocio no podrá florecer. Como afirma Warren Buffett, «Si me colocas en medio de Bangladesh, o Perú, o cualquier lugar semejante, verás lo que este talento es capaz de producir en el lugar incorrecto». Berkshire Hathaway fue creada en Estados Unidos porque existe una mayor oportunidad de negocios en un país con instituciones eficaces, donde se respeta la ley, existe confianza y una cultura que acepta la toma de riesgos, entre otras cualidades intangibles. Y cuando un Warren Buffett tiene la posibilidad de prosperar, todos en la sociedad se benefician. El suelo obtiene nutrientes para alimentar las semillas de la creatividad de otras personas. Es por eso que las empresas inteligentes orientan sus objetivos de negocio a resultados sociales deseables. También es por eso que invierten tiempo y dinero en ayudar directamente a las comunidades en las que operan. En LinkedIn se paga a los empleados para que se tomen días laborables en trabajar para organizaciones sin fines de lucro. Estos esfuerzos de generosidad benefician y ayudan a los menos favorecidos, y fortalecen la conexión de la empresa tanto con sus actuales o potenciales clientes como con sus propios empleados.

La salud de una sociedad da forma a los resultados de los profesionales individuales de manera similar. No es fácil edificar una carrera notable si la sociedad en la que vives presenta una pobreza extrema, carece de servicios y de infraestructuras o tiene bajos niveles de confianza. En primer término, una ciudad deteriorada como Detroit ofrece pocos buenos empleos. Pero esto va más allá de dónde se encuentran las mejores oportunidades de empleo. En las sociedades sanas, las personas están más dispuestas a compartir información, unirse en grupos y colaborar en proyectos, actividades que incrementan las oportunidades profesionales tanto para ti como para aquellos que vengan después de ti.

Piensa con cuidado dónde decides vivir y trabajar, y luego comprométete a mejorar la comunidad en la que vives. No tienes que ser la madre Teresa de Calcuta: invertir en la sociedad puede ser algo tan simple como hacer algo que no sea para tu propio beneficio una vez al año. Haz algo que esté en sintonía con tus valores y aspiraciones, y que de preferencia ponga en juego tus activos tangibles e intangibles. En otras palabras, haz uso de tus ventajas competitivas. Incluso mejor, comprométete con organizaciones que intenten mejorar sistemáticamente la sociedad a gran escala. Kiva.org ofrece microcréditos para reducir la pobreza, Endeavor.org promueve el espíritu empresarial en mercados en desarrollo, Start-Up America ayuda a financiar a los jóvenes empresarios en Estados Unidos… yo formo parte del consejo de las tres.

Para Ben y para mí, este libro es uno de nuestros regalos a la sociedad. Creemos que las herramientas que ofrece pueden mejorar tu vida y la sociedad. A veces, devolver algo puede consistir simplemente en hacer circular ideas importantes.

Por supuesto, a lo largo del camino, los elogios de los demás pueden hacerte sentir bien contigo mismo, al igual que las empresas se regocijan cuando su filantropía es promocionada. Pero devolver algo significa mucho más: con ello enriquecerás el suelo para futuras generaciones, igual que las generaciones anteriores lo hicieron para ti. Es lo que debe hacerse.

Invierte en ti, invierte en tu red de contactos e invierte en la sociedad. Cuando inviertes en los tres es cuando tienes las mayores posibilidades de alcanzar tu más elevado potencial profesional. E igual de importante, también tienes las mayores posibilidades de cambiar el mundo.

Una última cosa: los diferentes libros, discursos y artículos sobre el espíritu empresarial proclaman ofrecer las reglas de oro del negocio. La ironía es que los empresarios más destacados suelen desafiar esas reglas e ignorar en parte a los «expertos». Ellos mismos establecen sus propias reglas prácticas y sus propios principios. Después de todo, la forma en la que consigues diferenciarte en el mercado es no haciendo lo que hacen todos los demás.

Existe un gran número de libros de negocios repletos de reglas de «expertos». Por supuesto, creemos que la gran mayoría de los profesionales no comprende lo que significa llevar adelante una carrera como si fuera una nueva empresa, y consideramos que la implementación de las estrategias que ofrecemos en estas páginas te permitirá obtener una ventaja competitiva. Pero debes pensarlas como pautas, no como reglas inamovibles. A veces, para conseguir que algo funcione, te alejarás de alguna de estas reglas. A veces crearás nuevas reglas para poder estar a la cabeza de la competencia. Uno de los mensajes clave de este libro que esperamos hayas incorporado es que tú estás cambiando, que la gente a tu alrededor está cambiando, y que el mundo entero está cambiando. Entonces, resulta inevitable que las reglas del juego tengan que evolucionar y adaptarse.

Comienza a aprovechar tu red de contactos. Comienza a invertir en nuevas aptitudes. Comienza a perseguir oportunidades revolucionarias. Pero sobre todo, comienza a forjar tus propios planes diferenciales de carrera, y comienza a adaptar estas reglas a tu propia vida.

Para poder llevar una vida en beta permanente, la clave es nunca dejar de comenzar.

El negocio eres tú.

REID Y BEN

www.startupofyou.com/start

Conecta con nosotros

En la página web de este libro, www.startupofyou.com, encontrarás más información y estrategias avanzadas sobre como invertir en ti mismo, reforzar tu red de contactos y transformar tu carrera. También podrás entrar en contacto con otros profesionales en beta permanente que te ayudarán a transformar tus ideas en actos y a implementar tus conocimientos.

Estos son algunos de los contenidos exclusivos de la web:

1. Un PDF gratuito con técnicas avanzadas para utilizar LinkedIn en la implementación de algunas de las estrategias de este libro.

2. Entrevistas en vídeo con ejecutivos de primer nivel, donde reflexionan sobre sus carreras y comparten las lecciones que aprendieron.

3. Un resumen de *El mejor negocio eres tú* con todos los puntos clave resumidos y en un formato fácilmente compartible (¡puede ser un buen «regalo» para alguien de tu red de contactos!)

Puedes encontrarnos en Twitter en @startupofyou. Añade el hashtag **#startYOU** a tus tuits sobre planificación ABZ, redes, ventajas competitivas, o cualquier otro concepto del libro. Responderemos y destacaremos las mejores preguntas, comentarios o ideas que circulen en Twitter.

¡Nos vemos on-line!

Otras lecturas

Aquí presentamos información sobre los libros que mencionamos en los capítulos anteriores y algunas otras recomendaciones sobre temas relacionados. En nuestra página web encontrarás vínculos para cada uno de estos libros, así como para diferentes artículos, blogs, notificaciones de Twitter y más.

Free Agent Nation: The Future of Working for Yourself, de Daniel H. Pink (en inglés)

Pink popularizó el concepto de «agente libre» en 2002 para describir el fenómeno del autoempleo en Estados Unidos. Por entonces, Pink calculaba que entre un cuarto y un tercio de los trabajadores norteamericanos eran autónomos. En el libro estudia las posturas de estos frente a la autonomía, las redes informales, las redes de contención propias y más. La mentalidad que Pink describe en las personas autoempleadas resulta relevante para cualquiera que desee pensar como un empresario.

50 claves para hacer de usted una marca: cincuenta maneras de transformarse, dejando de ser un «empleado» para convertirse en una marca que comunique a gritos distinción, compromiso y pasión, de Tom Peters

Este es el libro surgido del famoso artículo «La marca llamada

Usted», publicado por Tom Peters en 1997 en *Fast Company*. Peters fue el primero en postular la idea de «Tú, Inc.». En su libro afirma que debes pensar en lo que te hace destacar y luego promocionar agresivamente esas aptitudes distintivas, logros y pasiones que en conjunto constituyen tu marca personal, igual que haría una empresa con sus productos y servicios.

Estrategias poco convencionales para reinventar su carrera profesional, de Herminia Ibarra

Es un excelente libro sobre transiciones y reinvenciones de carreras. Ibarra, profesora de comportamiento organizacional en el INSEAD, cuenta las diferentes historias de hombres y mujeres que cambiaron a nuevos sectores. También señala lo difícil que resulta despojarse de la vieja identidad para forjar una nueva, subraya la importancia de la experimentación, e insiste en la idea de que no existe un «yo verdadero» que deba ser descubierto.

Solo los paranoicos sobreviven: cómo explotar los puntos críticos que son un desafío para cualquier empresa y para la carrera de cualquier persona, de Andrew S. Grove

El cofundador de Intel Andy Grove introduce el concepto de puntos críticos estratégicos: se trata de momentos cruciales en la vida de una empresa cuando los actos que se lleven a cabo determinarán si dicha empresa sobrevive a un gran cambio ambiental y resurge más fuerte que nunca, o si por el contrario declina definitivamente. Grove argumenta la necesidad de mantenerse al frente del cambio. La edición más reciente del libro incluye un nuevo capítulo sobre los puntos críticos en una carrera, que resulta de gran utilidad.

One Person/Multiple Careers: A New Model for Work/Life Success, de Marci Alboher (en inglés)

Marci afirma que es posible entrelazar con éxito y al mismo tiempo intereses profesionales en apariencia diferentes en un todo unificado. No es necesario trabajar durante largo tiempo en un sector para después dar un salto aterrador a otro. Mediante entrevistas a abogados/chefs, periodistas/médicos y otros profesionales con carreras dobles, presenta una manera completamente nueva de pensar la combinación de pasiones diferentes.

Different: Escaping the Competitive Herd, de Youngme Moon (en inglés)

Moon argumenta que poseer una verdadera ventaja competitiva en el mundo de los negocios actual significa que una empresa debe ser fundamentalmente diferente desde el comienzo. No sirve intentar establecer una diferenciación *post facto*. Recomendamos la lectura de este libro para explorar en detalle el concepto de ventaja competitiva.

Your Career Game: How Game Theory Can Help You Achieve Your Professional Goals, de Nathan Bennett y Stephen A. Miles (en inglés)

Se trata de consejos prácticos para tu carrera en un formato sustancial y denso poco frecuente. Bennett y Miles preguntan a varios altos ejecutivos sobre sus carreras y derivan de sus respuestas diferentes principios para el éxito. Ponen énfasis en la «agilidad de carrera» e insisten en la necesidad de diferenciarse como profesional.

La invención del aire: un descubrimiento, un genio y su tiempo, de Steven Johnson

Es la historia de la vida y la época de Joseph Priestley, el descubridor del oxígeno y la primera persona en comprender que las plantas lo fabricaban. Johnson muestra que el «descubrimiento» del oxígeno no fue el resultado de una epifanía, sino más bien la culminación de muchas experiencias e influencias a lo largo de un extenso período de tiempo. El análisis de las redes de contactos y relaciones de Prestley resulta particularmente relevante para comprender las redes y relaciones profesionales.

Las buenas ideas: una historia natural de la innovación, de Steven Johnson

En este libro Johnson explica las causas ambientales de la innovación, incluyendo el rol de las redes abiertas, la colaboración, la *serendipia*, los nichos adyacentes y muchos otros conceptos relevantes para generar oportunidades de carrera revolucionarias. Un análisis excelente.

The Power of Pull: How Small Moves, Smartly Made, Can Set Big Things in Action, de John Hagel III, John Seely Brown y Lang Davison (en inglés)

Los autores afirman que el modelo de adquisición de conocimientos del siglo XXI consiste en «extraer» información en forma de «flujos de conocimiento» dinámicos. Al colocar la red social en el centro de la recolección de información y el flujo de oportunidades, este libro es un buen complemento a nuestras observaciones sobre la *serendipia* y la inteligencia en red.

Little Bets: How Breakthrough Ideas Emerge from Small Discoveries, de Peter Sims (en inglés)

Adapt: Why Success Always Starts With Failure, de Tim Harford (en inglés)

Tanto Peter como Tim proponen un abordaje experimental de los negocios, la política y la vida. En lugar de apostar por un gran esfuerzo que tome mucho tiempo en rendir sus frutos, las empresas y los individuos deberían asumir muchos pequeños riesgos y ver cuáles de ellos obtienen resultados positivos. Eric Schmidt, de Google, describe esta filosofía como «la mayor cantidad de veces por unidad de tiempo».

La hipótesis de la felicidad: la búsqueda de verdades modernas en la sabiduría antigua, de Jonathan Haidt

Haidt, profesor de psicología en la Universidad de Virginia, presenta un enfoque fascinante de las últimas investigaciones sobre la felicidad. En un capítulo, escribe sobre cómo los seres humanos están más centrados en evitar los riesgos que en aprovechar los reveses, lo que resulta relevante para nuestra reflexión sobre riesgos y oportunidades.

Streetlights and Shadows: Searching for the Keys to Adaptative Decision Making, de Gary Klein (en inglés)

Una serie de ideas originales y contraintuitivas sobre cómo tomar mejores decisiones. A diferencia de muchos otros libros sobre toma de decisiones, Klein señala que quien decide posee información incompleta y altos niveles de incertidumbre. En otras palabras, señala que vivimos en el mundo real, no en un laboratorio académico.

Conectados: el sorprendente poder de las redes sociales y cómo nos afectan, de Nicholas Christakis y James Fowler

Basándose en una investigación extensiva (aunque no completamente demostrada), los científicos sociales Christakis y Fowler argumentan que los contactos hasta un tercer grado de separación tienen un efecto profundo en nuestras mentes y cuerpos. Afirman que estamos en gran medida definidos por quienes nos acompañan hasta un tercer grado de relación.

Working Together: Why Great Partnerships Succeed, de Michael D. Eisner y Aaron Cohen (en inglés)

Eisner, antiguo CEO de Disney, escribe sobre diez sociedades destacadas. En el libro aparecen Susan Feniger y Mary Sue Milliken, Brian Glazer y Ron Howard, Warren Buffet y Charlie Munger y Bill Gates y Melinda Gates, entre otros. Estas estimulantes historias muestran el poder de las alianzas.

Pull: Networking and Success Since Benjamin Franklin, de Pamela Walker Laird (en inglés)

Laird derriba la idea del «hombre que se hace a sí mismo» y aporta una profundidad histórica a la idea del **Yo**[Nos]. El libro es una excelente explicación sobre cómo personajes famosos como Ben Franklin operaban dentro de una red de apoyo social.

Superconnect: The Power of Networks and the Strength of Weak Links, de Richard Koch y Greg Lockwood (en inglés)

Una exploración en profundidad de los «lazos débiles», incluyendo una reseña de los estudios académicos que crearon dicho concepto y lo que los profesionales necesitan saber sobre cómo funcionan los lazos débiles dentro de una red social.

The Future Arrived Yesterday: The Rise of the Protean Corporation and What It Means for You, de Michael Malone (en inglés)

¿Cómo es una empresa del futuro? Michael afirma que es una «corporación proteica», que puede adaptarse constantemente a los nuevos desafíos reestructurándose en el acto. Organizaciones como Wikipedia o Google funcionan de esta manera. Este libro es un fascinante retrato del lugar de trabajo del mañana.

Agradecimientos

Se necesita una red para escribir un libro. Queremos dar las gracias a Talia Krohn por su fantástico trabajo al editar el libro y por defender con pasión este proyecto durante más de un año. Lisa DiMona nos ofreció sabios consejos y su apoyo desde el inicio. Brett Bolkowy colaboró en la investigación y el refinamiento de los conceptos del libro, y contribuyó con un apoyo organizativo fundamental. Peter Economy y Josh Mitrani aportaron investigación y apoyo editorial. Von Glitschka realizó las ilustraciones de los capítulos.

He vivido la alegría y el placer de trabajar con algunos miembros de mi red más cercana en este libro. Por desgracia no pude trabajar en el proyecto junto a otras personas clave de mi red debido a restricciones logísticas. Entonces, me parece correcto agradecer a toda mi red, porque ayudaron a desarrollar las ideas de este libro. En particular, quisiera mencionar a tres de mis profesores cuyos tempranos regalos de tiempo y comprensión cambiaron mi vida: Lisa Cox y Tom Wessells del Instituto Putney, quienes me colocaron en mi camino inicial de convertirme en un intelectual, y Jonathan Reider de la Universidad de Stanford, quien amplió ese mismo camino.

Agradezco a las muchas personas que me apoyaron en este proyecto. Me quito especialmente el sombrero ante Jessie Young, Stephen Dodson, Chris Yeh y Cal Newport por ir más allá de lo que se les pedía. Y un agradecimiento de todo corazón a mis padres, por todo lo que hicieron.

BTC

Notas

Capítulo uno

1. Las expresiones «durante siglos los inmigrantes» y «lo han arriesgado todo» se inspiran del discurso del estado de la Unión de Barack Obama en 2011. Texto (en inglés): «Obama's Second State of the Union» en *New York Times*, 25 de enero de 2011, http://www.nytimes.com/2011/01/26/us/politics/26obama-text.html?_r=1&sq=obama%20state%20union&st=cse&scp=2&pagewanted=all.

2. Ronald Brownstein, «Children of the Great Recession», *The Atlantic*, 5 de mayo del 2010, http://www.theatlantic.com/special-report/the-next-economy/archive/2010/05/children-of-the-great-recession/56248/.

3. *Ibid.*

4. La Seguridad Social, madre de todas las redes de contención, está supuestamente financiada por el gobierno federal... Un gobierno que por lo visto tiene una deuda de miles de millones de dólares. Si hoy estás en la veintena o la treintena, para cuando te jubiles es probable que recibas un 25 por ciento menos que lo que recibían tus padres (algunos analistas más draconianos predicen que un joven de hoy no recibirá nada en el futuro). Imagínate la contribución a la Seguridad Social que sale de tu paga cada

mes como si fuera un préstamo a un primo segundo con problemas de drogas: quizá te lo devuelva, pero no cuentes con ello.

5. «Cost-Cutting Strategies in the Downturn: A Delicate Balancing Act», mayo de 2009, http://www.towerswatson.com/assets/pdf/610/CostCutting-RB_12–29–09.pdf

6. Andy Kessler, «Is Your Job an Endangered Species?» en *Wall Street Journal*, 17 de febrero de 2011, http://online.wsj.com/ article/SB100 01424052748703439504576116340050218236.html

7. Véase los vínculos en el debate de Will Wilkinson «Are ATMs Stealing Jobs?» en *The Economist*, 15 de junio de 2011, http://www.economist.com/blogs/democracyinamerica/2011/06/technology-and-unemployment

8. Alex Taylor III, *Sixty to Zero*, Yale University Press, New Haven, 2011, p. 14.

9. «Population of the 20 Largest US Cities, 1900-2005», en *Information Please*, http://www.infoplease.com/ipa/A0922422.html

10. «Address in Detroit at the Celebration of the City's 250th Anniversary», 28 de julio de 1951, en *Public Papers of the Presidents of the United States: Harry S. Truman, 1951*. Contiene los mensajes públicos, discursos y declaraciones del presidente entre el 1 de enero y el 31 de diciembre de 1951. Washington D.C., General Services Administration, National Archives and Records Service, Office of the Federal Register, 1965, p. 429.

11. Andrew Malcolm, «Obama Takes the Wheel from Detroit» en *Los Angeles Times*, 30 de marzo de 2009, http://latimesblogs.latimes.com/ washington/2009/03/obama-to-detroi.html

12. Estadísticas tomadas de Charlie LeDuff, «What Killed Aiyana Stanley-Jones?» en *Mother Jones* (Noviembre/Diciembre 2010), http://motherjones.com/print/79151

13. John Hagel III, John Seely Brown, Duleesha Kulasooriya y Dan Elbert, «Measuring the Forces of Long-term Change: The 2010 Shift Index», en *Deloitte Center for the Edge*, 2, 2010, http://www.deloitte.com/assets/Dcom-UnitedStates/Local%20Assets/Documents/TMT_us_tmt/Shift%20Index%202010/us_tmt_si_shift%20Index2010_110310.pdf

14. Reed Hastings, según cuenta Amy Zipkin, «Out of Africa, Onto the Web», en *New York Times*, 17 de diciembre de 2006, http://www.nytimes.com/2006/12/17/jobs/17boss.html

15. Rick Newman, «How Netflix (and Blockbuster) Killed Blockbuster», en *U.S. News & World Report*, 23 de septiembre de 2010, http://money.usnews.com/money/blogs/flowchart/2010/9/23/how-netflix-and-block-buster-killed-blockbuster.html

16. Greg Sandoval, «Blockbuster Laughed at Netflix Partnership Offer», en *CNET News*, 9 de diciembre de 2010, http://news.cnet.com/8301-31001_3-20025235-261.html

17. «Netflix Opens New Shipping Center; Lakeland Facility Expands One-Day Delivery to Central Florida», en *PR News-wire*, 15 de enero de 2004, http://www.highbeam.com/doc/1G1-131553666.html

18. Archivos de la empresa 2009 10-K SEC.

19. Jeffrey Bezos, carta a los accionistas (en inglés), abril 2010, http://phx.corporate-ir.net/External.File?item=UGFyZW50SUQ9Mzc2NjQ0f ENoaWxkSUQ9Mzc1Mjc5fFR5cGU9MQ==&t=1

20. Jeffrey Pfeffer, *Power: Why Some People Have It-And Others Don't*, HarperBusiness, Nueva York, 2010, p. 49.

Capítulo dos

1. John Hagel III, John Seely Brown y Lang Davison, *The Power of Pull: How Small Moves, Smartly Made, Can Set Big Things in Motion*, Basic Books, Nueva York, 2010, p. 12.

2. La frase «superados por la similitud» (overcome by sameness) se inspira en el análisis de Youngme Moon sobre la diferencia en su libro *Difference*, Kindle edition, ub. 156.

3. Véase el vídeo (en inglés) donde Chris Sacca y Kevin Rose debaten este punto: http://vimeo.com/26021720

4. Herminia Ibarra, *Working Identity: Unconventional Strategies for Reinventing Your Career*, Harvard Business School Press, Boston, 2004, p. 35.

5. http://www.mhhe.com/business/management/thompson/11e/case/starbucks.html

6. http://www.jetblue.com/about/ourcompany/flightlog/index.html

Capítulo tres

1. Richard N. Bolles, *What Color Is Your Parachute?*, Ten Speed Press, New Nueva York, 2011, p. 28.28. Versión en castellano: *¿De qué color es su paracaídas?*, Gestión 2000, Barcelona, 2011.

2. Kevin Conley, «Sheryl Sandberg: What She Saw at the Revolution», en *Vogue*, mayo de 2010, http://www.vogue.com/ magazine/article/sheryl-sandberg-what-she-saw-at-the -revolution/

3. Ken Auletta, «A Woman's Place: Can Sheryl Sandberg Upend Silicon Valley's Male-Dominated Culture?» en *The New Yorker*, 11 de julio de

2011, http://www.newyorker.com/reporting/2011/07/11/110711fa_fact_auletta?currentPage=all

4. http://www.businessweek.com/bwdaily/dnflash/content/mar2009/db20090316_630496.htm

5. Véase Jason Del Rey, «The Art of the Pivot», en *Inc.*, 1 de febrero de 2011, http://www.inc.com/magazine/20110201/the-art-of-the-pivot.html

6. Andrew S. Grove, *Only the Paranoid Survive: How to Exploit the Crisis Points That Challenge Every Company*, Crown Business, New York, 1999, p. 189. Edición en español: *Solo los paranoides sobreviven*, Granica, Barcelona, 1997.

Capítulo cuatro

1. Adrian Wooldridge, «The Silence of Mammon: Business People Should Stand Up for Themselves», en *The Economist*, 17 de diciembre de 2009, http://www.economist.com/node/15125372?story_id=15125372

2. Nicholas Christakis y James Fowler, *Connected: The Surprising Power of Our Social Networks and How They Shape Our Lives*, Little, Brown and Company, Nueva York, 2009, p. 22. Edición en español: *Conectados*, Taurus, Madrid, 2009.

3. Pamela Walker Laird, *Pull: Networking and Success Since Benjamin Franklin*, Harvard University Press, Cambridge, 2007, p. 11.

4. Jeff Atwood, «The Bad Apple: Group Poison», en *Coding Horror: Programming and Human Factors* (blog), 19 de febrero de 2009, http://www.codinghorror.com/blog/2009/02/the-bad-apple-group-poison.html

5. En inglés, «you» puede significar a la vez *usted* y *vosotros*. *(N. del T.)*

6. Paul Graham, «Why Smart People Have Bad Ideas», en *PaulGraham. com* (blog), abril 2005, http://www.paul graham.com/bronze.html

7. David Foster Wallace, *This Is Water: Some Thoughts, Delivered on a Significant Occasion, About Living a Compassionte Life*, Little, Brown, Nueva York, 2009, pp. 39-40.

8. Neil Rackham y John Carlisle, «The Effective Negotiator, Part I: The Behaviour of Successful Negotiators», en *Journal of European Industrial Training 2*, n° 6, 1978, pp. 6-11.

9. Edward O. Laumann, John H. Gagnon, Robert T. Michael y Stuart Michaels, *The Social Organization of Sexuality: Sexual Practices in the United States*, University of Chicago Press, Chicago, 1994.

10. Milliken y Feniger fueron retratadas en el interesante libro de Michael Eisner *Working Together* (HarperBussiness, 2010), del que se tomó esta historia.

11. David Brooks, *The Social Animal*, Random House, New York, 2011, p. 155. Edición en español: *El animal social: las fuentes secretas del amor, la personalidad y los logros*, Ediciones B, Barcelona, 2011.

12. Ver startupofyou.com/Alliance (en inglés) para una explicación más detallada del altruismo y la reciprocidad.

13. ¿Cómo define el autor un lazo débil? En el estudio, utiliza la frecuencia del contacto como referencia sobre la solidez de la relación. Se trata de una medida imperfecta: puedes ver a tu secretaria cada día, pero no por eso es un lazo fuerte. Granovetter reconoció que para medir la fortaleza de una relación se requiere una combinación más amplia de «frecuencia, intensidad emocional, intimidad (confianza mutua) y la reciprocidad que caracteriza el lazo». La investigación subsecuente reafirmó la conclusión original de Granovetter incluso al medir la fuerza de los lazos con criterios más holísticos. Véase el estudio de Granovetter «The Strength of Weak Ties: A Network Theory Revisited», en *Sociological Theory 1*, 1983, pp. 201-233.

14. Mark S. Granovetter, «The Strength of Weak Ties», en *American Journal of Sociology 78*, n.° 6, 1973, p. 1.371.

15. *Ibid*, p. 1.362.

16. Un lazo «cuasi-fuerte» que sea a la vez diferente a ti y lo suficientemente cercano para servir de introducción es más valioso que un lazo débil, y te permitirá expandir el alcance de tu red de contactos. Ese tipo de relaciones son glosadas en www.startupofyou.com.

17. Herminia Ibarra, *op. cit.*, p. 113.

18. Véase el libro de DuNBAr *How Many Friends Does One Person Need?*, Harvard University Press, Cambridge, 2010, así como la entrada en Wikipedia sobre el Número de DuNBAr, http://es.wikipedia.org/wiki/Número_de_DuNBAr. También el análisis matizado de Christopher Allen, «The DuNBAr Number as a Limit to Group Sizes», en *Life with Alacrity* (blog), 10 de marzo de 2004, http://www.lifewithalacrity.com/2004/03/ the_DuNBAr_numb.html

19. Jeffrey Travers y Stanley Milgram, «An Experimental Study in the Small World Problem», en *Sociometry 35*, n.° 4, 1969, pp. 425-443, doi:10.1109/ TIT.2010.2054490.

20. Hazer Inaltekin, Mung Chiang, y H. Vincent Poor, «Average Message Delivery Time for Small-world Networks in the Continuum Limit», en *IEEE Transactions on Information Theory 56*, n.° 9, 2010, pp. 4.447-4.470, doi:10.1109/TIT.2010.2054490.

21. Recuerda que hay una diferencia entre los lazos débiles y los contactos de segundo y tercer grado. Un lazo débil es alguien a quien conoces, un contacto de primer grado. Un contacto de segundo o tercer grado, por su parte, es alguien con quien no tienes relación en el presente pero al que puedes acceder siendo presentado por un amigo.

22. http://blog.okcupid.com/index.php/online-dating-advice-exactly-what-to-say-in-a-first-message/

23. Brian Uzzi y Jarrett Spiro, «Collaboration and Creativity: The Small World Problem», en *American Journal of Sociology 111*, n° 2, 2005, pp. 447–504. doi: 10.1086/432782

24. Nicholas Christakis y James Fowler, *op. cit.* Identificación Kindle 2691.

25. Véase el artículo en el blog de Stowe Boyd (y los comentarios) para ampliar este tema (en inglés): http://www.stoweboyd.com/post/756220523/its-betweenness-that-matters-not-your-eigenvalue-the

Capítulo cinco

1. Kimberly Potts, *George Clooney: The Last Great Movie Star*, Applause Theatre & Cinema Books, Nueva York, 2007, p. 50.

2. James H. Austin, *Chase, Chance and Creativity: The Lucky Art of Novelty,* Harvard University Press, Cambridge, 2003, p. 69.

3. Paráfrasis tomada de James Austin.

4. Bo Peabody, *Lucky or Smart?: Secrets to an Entrepreneurial Life*, Random House, Nueva York, 2004. Edición castellana: *¿Listo o afortunado?: secretos para una vida emprendedora*, Hegemon ediciones, Zaragoza, 2008.

5. Steven Johnson, *The Invention of Air: A Story of Science, Faith, Revolution and the Birth of America*, Riverhead Books, Nueva York, 2008, p. 53. Edición en español: *La invención del aire: un descubrimiento, un genio y su tiempo*, Turner, Madrid, 2010.

6. *Ibid.*

7. Pamela Walker Laird, *Pull: Networking and Success Since Benjamin Franklin*, Harvard University Press, Cambridge, 2007, p. 88.

8. AnnaLee Saxenian, *Regional Advantage: Culture and Competition in Silicon Valley and Route 128*, Harvard University Press, Cambridge, 1994, p. 34.

9. Michael Eisner y Aaron D. Cohen, *Working Together: Why Great Partnerships Succeed*, Harper Business, Nueva York, 2010, p. 202.

10. Nicholas Carlson, «Jeff Bezos: Here's Why He Won», en *Business Insider*, 16 de mayo de 2011, http://www.businessinsider.com/jeff-bezos-visionary-2011–4#ixzz1NsYA4QfS

11. Claire Cain Miller, «How Pandora Slipped Past the Junkyard», en *New York Times*, 7 de marzo de 2010, http://dealbook.nytimes.com/2010/03/08/how-pandora-slipped-past-the-junkyard

Capítulo seis

1. Reannon Muth, «Are Risk-Takers a Dying Breed?», en *Matador*, 13 de junio de 2010, http://matadornetwork.com/bnt/are-risk- takers-a-dying-breed/

2. Jonathan Haidt, *The Happiness Hypothesis: Finding Modern Truth in Ancient Wisdom*, Basic Books, Nueva York, 2006, p. 29. Edición castellana: *La hipótesis de la felicidad: la búsqueda de verdades modernas en la sabiduría antigua*, Gedisa, Barcelona, 2008.

3. Anthony Iaquinto y Stephen Spinelli Jr., *Never Bet the Farm: How Entrepreneurs Take Risks, Make Decisions—and How You Can, Too*, Jossey-Bass, San Francisco, 2006, p. 78.

4. Stephen H. Shore y Raven Saks, «Risk and Career Choice», en *Advances in Economic Analysis and Policy 5*, n.º 1, 2005, http://www.bepress.com/bejeap/advances/vol5/iss1/art7

5. Nassim Taleb, *The Black Swan: The Impact of the Highly Improbable*, Random House, Nueva York, 2010, p. 204. Edición en español: *El

cisne negro: el impacto de lo altamente improbable, Paidós, Barcelona, 2008.

6. Joshua Cooper Ramo, *The Age of the Unthinkable: Why the New World Disorder Constantly Surprises Us and What We Can Do About It*, Back Bay Books, Nueva York, 2010, p. 181.

7. *Ibid.*

8. Aaron B. Wildavsky, *Searching for Safety, Transaction Publishers*, Piscataway, 2004, p. 98.

Capítulo siete

1. Bill Gates, *Business @ the Speed of Thought: Using a Digital Nervous Sysem*, Warner Books, Nueva York, 1999, p. 3. Edición en español: *Los negocios en la era digital*, Plaza y Janés, Barcelona, 1999.

2. Ken Auletta, «A Woman's Place: Can Sheryl Sandberg Upend Silicon Valley's Male-Dominated Culture?» en *The New Yorker*, 11 de julio del 2011, http://www.newyorker.com/reporting/2011/07/11/110711fa_fact_auletta?currentPage=all

3. Hagit Limor, «Anatomy of a Tsunami from the Center That Warned the World», en *KY Post*, 18 de marzo de 2011, http://www.kypost.com/dpps/news/world/anatomy-of-a-tsunami-from-the-center-that-warned-the-world_6179439

4. «Report: Hawaii Tsunami Damage at $30.6M», en *Pacific Business News*, 24 de marzo de 2011, http://www.bizjournals.com/pacific/news/2011/03/24/report-hawaii-tsunami-damage-at-306m.html

5. El nombre de Iris ha sido cambiado.

6. Nathan Bennett y Stephen Miles, *Your Career Game: How Game Theory Can Help You Achieve Your Professional Goals*, Stanford University Press, Stanford, 2010, p. 16.

Índice alfabético